幼儿园
活动设计与
班级管理

从课程设计、教室布置、安全管理到
日常活动的100个创意教学法

［英］露西·皮特　Lucy Peet　著

IDEAS FOR EARLY
YEARS PRACTITIONERS
OUTSTANDING PRACTICE

中国青年出版社

图书在版编目（CIP）数据

幼儿园活动设计与班级管理：从课程设计、教室布置、安全管理到日常活动的100个创意教学法 / (英) 露西·皮特著；杨颖玥，张尧然译. -- 北京：中国青年出版社，2025. 4. -- ISBN 978-7-5153-7614-1

Ⅰ. G612；G617

中国国家版本馆CIP数据核字第2025ZL4841号

幼儿园活动设计与班级管理：
从课程设计、教室布置、安全管理到日常活动的100个创意教学法

作　　者：［英］露西·皮特
译　　者：杨颖玥　张尧然
责任编辑：肖妩嫔
文字编辑：侯雯洁
美术编辑：杜雨萃
出　　版：中国青年出版社
发　　行：北京中青文文化传媒有限公司
电　　话：010-65511272 / 65516873
公司网址：www.cyb.com.cn
购书网址：zqwts.tmall.com
印　　刷：大厂回族自治县益利印刷有限公司
版　　次：2025年4月第1版
印　　次：2025年4月第1次印刷
开　　本：787mm × 1092mm　1/16
字　　数：90千字
印　　张：13.5
京权图字：01-2014-3993
书　　号：ISBN 978-7-5153-7614-1
定　　价：49.90元

目录
Contents

致谢 Acknowledgements

在学校工作的15年，我有幸与众多人士共事，其中很多人还是我学习的榜样，我要向他们郑重地说声感谢。我见证了很多优秀创意与做法的诞生，成了如此伟大团队的一员。我在不同的环境里不断学习，但没有哪里能比诺丁汉希尔的黄劳幼儿园教给我更多。我很荣幸能与这些杰出教师一起工作，特别是那些致力于基础教育阶段的老师。

我要特别感谢菲尔·查芝、万尼萨·普兰特和阿里·斯比德，你们是鼓舞人心的教师领袖，让我以极大的热忱投入幼教事业，给幼儿创造一个出类拔萃的成长环境。还要感谢我家的两个孩子艾维和波比，是他们的能量、激情和对生活的热爱，启发我不断产生新创意。

一位好老师会被永远铭记，不仅是因为他/她上的几堂课，而是因为他/她对我们的成长产生的影响。本书中的音乐创意来自我的音乐老师帕梅拉·库克女士，她曾在坎塔摩斯女子合唱团担任合唱指挥长达40多年。库克女士让我们相信，只要有决心和努力，再加上她的培养，学习音乐的女孩都能达到我们期待的水平。2013年6月，400多名现在或曾经的合唱队员参加了她的葬礼，年龄从13岁到50岁不等，大家共同参加了南威尔大教堂的合唱，一起为她颂福。

谢谢您，库克女士——作为您的学生，我感到无比荣耀。

前言 Preface

教学是一项充满挑战的工作，它需要奉献、耐心、理解，以及无穷的精力和良好的幽默感，但其收获也是巨大的。所有老师都会在某一刹那，或者在某个学生面前停下来，回想自己选择教师作为职业的原因。这些把所有时间都投入到童年环境中的成年人，终日与颜料、口水、胶水、沙子为伍，他们工作并不是为了赚取高薪！能和幼儿在一起工作，或许就是最大的馈赠；幼儿会在入学最初的几个月里取得突飞猛进的进步，而这其中也有你的一份功劳。我相信，优秀的幼教老师是很有技巧的。作为一个三四岁孩子生活中重要的成年指引者，这个角色并不容易，这个年纪的孩子们能够接触到的人很有限，况且老师还要同时教30多个这样的孩子。

最优秀的幼教老师都有一些共同特征，包括能够综合评价孩子，能够理解孩子不同的发展阶段，有出色的组织能力、良好的时间管理能力、友善的行为，以及能够让孩子对挫折有更强大的认知！通过培养这些特征提升幼教水平是可行的，本书呈现的100个创意可以帮助幼教老师把有关幼教的技巧和知识内化于心。

本书中的创意都是经过实践检验的，并在多种幼教环境中取得了良好效果。这些创意涉及的方面众多，包括如何布置环境、设计流程和日常活动，如何合理利用资源和人员，如何为户外活动做计划和准备，如何保护好自身和其他同学，等等。并且跨越了PSE（personal and social education：个人和社会教育）、数学、语文等众多科目，真正地实现寓教于乐！

请多加留意你认为合适的部分，并试着把其中一些创意融入你的每日或每周安排中，做一个游刃有余的幼教老师。在你阅读本书的过程中，你会对提升学校里这些孩子们的能力水平这件事越发痴迷，因为我就深有体会！让我们共同努力，满足孩子们的需求，从优秀向卓越进军！

如何使用本书 How to use this book

这本书中有一些便捷、简单、实用的创意供你参考，帮助你在幼教领域从优秀到卓越。

书中每个创意都包括以下几项内容：

- 一个便于记忆的标题，方便你查阅或与同事交流。
- 来自老师对此创意的经验评述，或者他们如何使用该创意来解决问题。
- 用粗体字对该创意的总结，方便你快速翻阅查找某一创意。
- 实施该创意的步骤指南。

每个创意可能还包括以下几项内容：

- 教学小贴士：即使用提醒或建议，告诉你在组织活动或实践该创意时应该怎样做，不应该怎样做；还有你可能遇到的问题及其解决方法。
- 进阶练习：怎样拓展使用或者进一步发展该创意，或如何将其布置为家庭作业。
- 锦囊妙计：本书提供了12个额外的让人眼前一亮、别出心裁的原创创意，能将你的教学变得格外出色！

创意 1

让孩子记住自己的位置

当要求孩子们坐在地毯上时，总有孩子喜欢聚在一起吵闹，让其他孩子难以集中注意力。

让每个孩子都有一个固定位置，这样不但可以让焦虑的学生安心，把淘气的孩子分开，还有助于老师记住学生姓名，进行有针对性的提问，并在组织活动时快速分派学生去参加不同活动。

最开始，让学生在你面前的地毯上自己选位置。进行几次讨论之后，根据学生的学习类型给他们安排座位，例如：

- 需要较多“活动空间”或者习惯使用左手的学生，你应该安排他们坐在边上，或者坐在方便他们左手写字的左侧。
- 个子较高或者听力比较好的学生，可以安排在靠后的座位。
- 年龄较小或者不太安稳的学生，或许适合安排在老师眼皮底下，这样老师就能经常用和蔼

> **教学小贴士**
>
> 利用教室环境，保证每个学生每次都坐在同一个位置。例如让最后一排学生与书柜或地毯边缘对齐，让前排学生与地毯上的格子对齐，或者让每一排边上的学生与黑板两边对齐。

的语气与他们交谈或者轻声提醒他们，让他们加入课堂讨论。

- 容易走神的学生，可以安排他们坐在两个安静的学生之间，因为他们既能专心学习，又不会参与任何淘气行为。

创意2

老师小帮手

每天选择几个学生担任老师小帮手。这是一项真正激动人心的工作，我简直等得迫不及待！

选择一两名学生作为当天的“小帮手”。哪怕是对于最年幼的学生来说，这种做法也可以强化他们的责任感和团队意识。

作为小帮手，他们的工作可能包括把登记簿拿到办公室、收作业、去别的班级传话，或者坐在每一排的最前面或最后面。

下一组小帮手的名单，由上一组小帮手从箱子里随机抽取，以便学生们可以看到选择方法非常公平。

- 制作一个有盖的小箱子，并用发光的锡箔、可爱的贴纸等进行装饰，以显示它的特殊地位。
- 给每个学生一张小卡片，上面有他们的名字。请每个学生走上前来把姓名卡片放入箱子里。这是整个流程中的重要一环——必须让学生们知道，箱子里有他们自己的名字。
- 第一天早上，告诉学生们你将从箱子里抽选两名学生担任小帮手。示范如何闭上眼睛随机抽取幸运卡片。

- 把选出来的姓名卡片放在一个大文件夹里，与其他还没被抽到的卡片分开，告诉学生，在箱子里的卡片被抽完之前，将不会再轮到他们。
- 立即给新选的小帮手布置一项简单的任务，“认证”他们的身份。
- 第二天早上，由前一天的小帮手从箱子里抽选卡片，传递角色。

进阶练习

制作徽章、袖标或马甲，让小帮手穿着佩戴。这将令他们在履行职责时，得到周围人的关注，鼓励其他成年人主动询问他们的角色，激发其他学生担任“小帮手”的愿望。

创意3

排队，排队

我在上课时能让孩子们专心致志地坐在地毯上，但是当我让他们排队时，他们就会吵闹起来，他们的行为也立即混乱起来！如果必须进行排队，比如集会的时候，这简直是场噩梦。

授课的过渡环节常常是学生表现不佳的时候，特别是要求学生移动位置的时候。本创意有助于将一项流程任务变得更加有趣，并保持有序、平静的环境，还能提高学生的听力水平。如果孩子们一开始就仔细聆听，理智地走过去排队，安静地站在队伍里，那么他们在排队过程中更有可能保持安静。

从课堂观察情况来看，在指导不同的学生去参加不同课堂活动时，如何维持秩序、让他们保持安静，是一个非常需要改进的地方。为了让孩子们安静地聆听老师讲话，可以改变让他们排队或去参加活动的方法。与平常一样，在你开始之前，要确保所有孩子都在安静地听讲。如果有人开始说话，就停下来，看着他们，直到安静下来再继续讲。使用平静的语气，这样他们就会真正去听，

然后具体要求某一个群体去排队，比如要求所有女生排队到一起。

可以尝试以下这样的说法：

“如果你……，请安静地排好队。”

（以下是选项举例）

- 穿着黑色袜子
- 4岁
- 坐在前排
- 有1个兄弟

锦囊妙计

PSE：给学生不同的标准，把排队或分组当作一种PSE活动。例如，按照身高排序；按照头发或眼睛颜色分组。要求孩子们在活动期间不得说话，或者选择几个“领导”，引导其他孩子到正确的区域。这还能辅助开展类似“我们自己”的主题活动，并在观察自画像的艺术活动之前进行。让每个孩子拿一面小镜子，或许用得着。

在进阶练习中，你还可以同时使用两个标准，例如，“如果你是5岁的女生（或今天吃过三明治的男生），请到这边来排队。”

如果队伍里有孩子开始说话，就让他们回到地毯上去，再“听”一遍排队标准。仔细观察剩下的孩子，选择一定的标准，减少男生扎堆的情况，在一个队伍里搭配不同年龄和身高的孩子，或者将两个正在说话的学生分开。这是一种非常好的行为管理方法，不需要反复点同一个淘气孩子的名字。

进阶练习

在体育课或者其他类似活动时，当孩子们以某种“环行”方式移动时，本创意可以让他们在不同活动之间顺利过渡。让孩子们停下来，并让他们指向下一项活动。当所有孩子都指向相应方向时，指导他们：“跟着组长，向手指方向走，到那里等待下一项活动。”这样可以让孩子们知道他们的行动方向，从而正确移动。

创意 4

Buenos Dias（早安！）

每一天到学校的时候，孩子们都想知道，今天会用哪种语言打招呼。这是一项让孩子们特别期待的活动。

在某些环境中，向孩子们介绍其他国家和文化是一件难事。通过每天使用其他国家的语言，只需要几句简单的问候语，就能让孩子们意识到其他人可能与自己是不一样的。这种方式还可以让把英语作为第二语言的孩子看到，自己的母语在学校也是有价值的。

最开始，先使用你班里学生或其家庭使用的不同语言。让学生们用不同的方式说“早上好”“下午好”，并把这些句子写在大卡片上，或者制作一页幻灯片，在上面展示这些问候语，以及相关国家的国旗或图片。

- 在你开始打招呼之前，问候学生来做示范，比如说“Buenos Dias”。
- 告诉学生，这是西班牙语里的“早上好”——如果你班里有说西班牙语的学生，可以询问他们是否愿意做示范。
- 相互打招呼，对每一个学生说“Buenos Dias”，并鼓励他们这样相互问候。
- 在黑板上悬挂一面西班牙国旗，并告诉学生，以后看到这面国旗，早上打招呼就要用“Buenos Dias”。

- 鼓励使用其他国家的语言、国旗进行此活动。

进阶练习

通过介绍简单的图书、歌曲、诗歌，或者类似“给我来一个三明治”这样的基本用语，进一步拓展外语的使用范围。邀请说不同语言的学生模拟这些场景，向同学们介绍一些简单名词，支持这项活动。在教室里的各种家具和用品上，用不同语言给他们做标签，也可以支持此类活动的开展。

创意5

但是孩子现在饿了

孩子们喜欢在学校吃点心，但是有时候还没到发点心的时间，他们就饿了。他们希望能在自己饿的时候吃东西。

在为幼儿制定课程表的时候，留出集体喝牛奶或吃点心的时间是有意义的。这种大家庭式的环境，可以让贫困的学生尝到不同的食物，共同进食对孩子们也是有好处的。

向孩子们解释，开始上课时就把点心发给他们，不管什么时候感到饿都可以自己吃。因人而异地制定规则，包容孩子们，例如：

- 每个人每次只能吃一块点心——因为这里虽然有一大碗，但并不意味着每个人都有两三块。
- 必须坐在餐桌旁边的座位上吃。
- 吃点心的餐桌旁边只设置4个座位（或者你认为合适的数量），所以那里坐满人的时候，后

教学小贴士

仔细观察，以免有孩子错过点心时间。如果这种情况发生，可以微调时间安排，比如可以说，“今天早上让黄桌子上的同学先去吃点心”。如果还有“不情愿的食客”想要离开就餐区域，你就可以过去跟他们一起吃。

来的人就需要等一会儿再来。

- 餐桌上有一个盒子，里边是每个孩子的名片或照片。他们吃完自己的点心后，就要把自己的名片投入旁边的信箱。这样可以让老师鼓励所有孩子在教室里吃他们的点心。

- 有些孩子可能对某些食品过敏，或者不能吃学校提供的某些食品。如果只是对一种点心过敏，只需由成年人看护孩子进食，预防任何食物过敏反应。

创意 6

孩子能自己穿衣服

当孩子们学会自己穿衣服穿鞋之后，老师组织游戏或户外活动就容易多了。作为老师，我们只希望，他们最好能在家里学会这些。

如果你单独负责一群孩子，那么给他们所有人穿好衣服出门，似乎是一件永远也做不完的麻烦事。展示孩子们如何能学会穿衣服、系鞋带，可以成功鼓励家长在家教孩子们做这些事情。

最好是在相对公共或靠近窗户的衣帽间或场地进行展示。

- 在衣帽间的墙上贴上几张大纸，在纸上勾勒衣服或者鞋子的形状。
- 一定要在涂鸦上方写上“我能自己穿衣服（鞋子）”的大字标题。
- 在涂鸦前或者其他最合适的地方，给每一个成功穿上自己鞋子或衣服的孩子拍照。
- 当孩子们能够独立穿衣服后，把他们的照片加入展示栏。
- 提醒孩子们告诉他们的家长每次接送孩子的时候看看展

教学小贴士

在假期开始时，给学生家长或监护人写一封信，告诉他们，学校给孩子们布置了“家庭作业”，孩子们每天要花一点时间练习独立穿衣、穿鞋——熟能生巧！

示栏。

● “儿童消费力”（指的是儿童不断纠缠父母直到父母妥协并满足其要求的能力）会在这时候发挥作用，因为每个孩子（家长）都希望尽快把自己（孩子）的照片加入展示栏。

创意 7

整理音乐

有些活动确实比较吵闹，有时孩子们分组还在同时参加很多不同的活动，所有孩子都能听到老师喊结束的声音很难。因此，老师在每项活动结束时使用“整理音乐”，这样可以更好地组织活动。

在每项活动结束的时候，播放一支容易辨认的音乐，孩子们就可以学会在听到音乐之后，停止玩耍，开始收拾东西。这可以保护老师的嗓子，让孩子们快速、流畅地完成整理工作。

在你决定使用哪支音乐之后，一定要把它下载到播放器上，这样就方便你寻找，你也容易重复播放。

- 给孩子们播放这支音乐。讨论他们听音乐的感受——你可以选择紧张刺激的音乐，比如里姆斯基·科萨科夫的《野蜂飞舞》；也可以选择优美抒情的音乐，比如圣桑的《天鹅》。

- 告诉孩子们，这支音乐就是一个信号。不论他们在哪里、做什么，只要听到这支音乐响起，就要开始整理东西。

- 最开始，你需要单曲循环这支音乐，给孩子们足够的时间，让他们收拾好东西，但是一段时间以后，随着他们整理效率的提高，你可以逐步缩短时间。

- 表扬那些一听到音乐就立即开始整理的孩子——通过强化你期待的行为，可以减少你不希望的行为的发生次数。

进阶练习

在所有活动区域播放音乐，这样所有学生就都知道到了整理时间。你可以在户外使用大功率播放器，这样就可以在户外活动结束后，作为整理活动的伴奏；或者将其当作操场活动结束的信号，而不必提高你的嗓门。

创意 8

衣帽间监督员

教室的衣帽间作为孩子们存放衣物的公共区域，总是很容易出现拥挤、推搡的混乱场景。有些领导力强的孩子会凭借自己的智慧和方法，引导大家保持衣帽间的整洁有序。

有些孩子是天生的组织者，可以帮助你在很多场合维持秩序。选择几位衣帽间监督员，他们能确保把衣帽间里的拥挤、推搡现象降到最低，并始终保持衣帽间清洁，为大家营造一个舒适的环境。

谨慎选择监督员——如果你选了一个特别专横的孩子，可能事与愿违，因为没人喜欢别人的颐指气使！试着选择人缘比较好的孩子。

- 告诉全体学生，在每次上课前把外套挂起来——并询问他们有什么问题。

- 鼓励孩子们描述他们心目中的理想衣帽间的样子。

- 你可以建议说："每个孩子都将拥有一个够得着的挂钩（根据他们的身高安排），明确标上他

教学小贴士

在孩子们等待挂衣服的时候，可以给他们安排一些活动——比如坐在地毯上读书，防止教室里更加吵闹。

们的名字。”孩子们可能提出其他建议，比如“谁也不许推人，我们在衣帽间里要有耐心”。

- 如果能娴熟运用这些对话技巧，孩子们会积极参与解决问题，并且非常乐于遵守新规则。
- 下一次孩子们到达衣帽间门口时，确保监督员已经就位。
- 一次只允许三四个孩子进入衣帽间挂衣服。轮到其他孩子们进去的时候，由监督员通知他们，监督员还要帮助那些够不着衣架的孩子。

创意 9

主题小组

我总是以最好的创意命名我的小组！我最喜欢“食品”主题小组，我每次都笑着说，“鱼、薯条、豌豆，都到碗里来！”有时候孩子们自己选择的小组名称也是恰到好处——我记得一个蠕动的“毛毛虫”小组，还有一个特别顽皮的“猴子”小组。

通过不同小组辨别班里的孩子们，对于组织者来说很有用。除此之外，它还能让老师一下子区分出几个孩子，或者要求一组孩子去执行一项任务，例如，“红组的去洗手”！

使用与主题相关的小组名称，可以增加孩子们的词汇量，还能帮助老师设计相应的活动。在一个教室里，区分几个平行小组，试着在两个教室或两堂课里使用同样的小组名称。这可以让孩子们对你的计划更有认同感。决定如何分组，例如根据年龄、座位、朋友圈、学习成绩等。

- 和孩子们一起讨论小组名称，汇总出一个可能采用的名称列表。
- 考虑主题并选择相关名称。例如，一个有关“轮子”的主题，或许会包括类似汽车、卡车、公共汽车、自行车等名称。
- 告诉孩子们，每个小组都要制作一个属于自己的标志和小徽章/帽

> **教学小贴士**
>
> 在确定小组名称的时候，要选择有创造力、有趣的名字。在为多个小组确定名称时，可以尝试使用一定的规则，方便你记忆。例如，如果你根据学习成绩划分了几个数学小组，就可以使用形状为它们命名，并根据各种形状边的个数依次排列——“圆”表示需要帮助的一组，“六边形”表示需要拓展教学的一组。使用同样的方法，也可以采用交通工具的轮子个数、动物的种类或者彩虹的颜色顺序进行命名。

子/奖章。（如果同一群孩子们参加同样的课程，这种做法的效果会更好。）

- 给每个小组取一个名字，或者让孩子们投票选出他们最喜爱的名字。

创意 10

唱出花名册

对于某些孩子来说，当着很多人的面说“早上好”会很难为情。我发现，当我把他们的花名册唱出来的时候，所有孩子都更有信心加入合唱了。

每天选择一个简单的旋律唱花名册。最初，孩子们可能附和老师唱的词。当他们更加自信以后，可以试着选择一些问答对唱旋律，让他们用大家的名字问好。

用《两只老虎》的旋律唱出每个孩子的名字。在你点名之后，停顿片刻，这样孩子们就可以重复你刚才说的话。

- 唱，“你好，埃维”。
- 鼓励埃维回应你刚才说的话，“你好，埃维”。准确地重复你刚才的语句和语调。
- 唱下一个孩子的名字，“你好，萨姆”（“你好，萨姆”）。
- 继续点名，“你好你好，波

教学小贴士

如果最初孩子们不知道该如何回应你，可以让所有孩子同时唱出回应。不过，这时候你要与点到名字的学生进行眼神交流，因为你需要确定他在场。

比”（“你好你好，波比”）。

- “你好杰克”（“你好杰克”）。
- 唱完这四句以后，你就唱完了整首《两只老虎》的旋律，可以重新开始。

创意 11

请安静

作为一个新老师，我发现最困难的事情，就是在孩子们忙碌的时候引起他们的注意。我总是反复喊，“请安静！请听我说！”当我开始使用歌唱技巧之后，事情变得容易多了——所有孩子都加入了我的歌唱行动！

在一群忙着做不同事情的嘈杂的孩子堆里，想让他们听到你的声音或者吸引他们的注意力并不容易。通过唱一段简单、重复的曲子，孩子们会意识到这是一个信号，他们需要停下正在做的事情，把注意力投向老师。

不要觉得自己不会唱歌就放弃这个创意！孩子们连1到10的数字都数不清——你只需要改变平常说话的音调和音色，引起他们的注意就行。

- 站在一个所有孩子都看得见的位置。
- 如果你认为一开始可能引不起某个或某些孩子的注意，请与他们进行眼神交流。
- 唱一首简单的歌，或者重复一句歌词，提醒孩子们到了结束时间，要好好听你说话了。

教学小贴士

获得一大群孩子注意力的方法，可能更适合不同环境和不同年龄的孩子。例如，可以站在那里，举起一只手，并让孩子们也跟着举手，同时安静下来。孩子们在操场上排队或者集会的时候，这种方法很适用。还可以使用重复的拍手节奏、铃声或者鼓声，让孩子们知道你想要说话，但是请记住，要配合好肢体语言和面部表情，明确告诉他们你在等他们安静下来！

- 如果这首歌有和声，例如《两只老虎》，可以让孩子们重复你的歌唱，这样他们就可能把注意力转向你，参与进来。
- 例如，唱《两只老虎》："准备好了吗？（准备好了吗？）在听吗？（在听吗？）坐在地毯上啊，（坐在地毯上啊）好好听（好好听）。"
- 根据不同情况，改变第3句歌词——站在椅子后边/站成一排啊/坐在自己座位上。

创意 12

彩色板书

当孩子看黑板抄写时，有时会找不到地方，想不起自己抄到哪一行了。如果孩子问老师抄哪一个单词，她有时候会说“p”开头的，但是黑板上有很多“p”开头的单词，孩子还是不知道该抄哪一个。

在黑板、挂图或白色书写板上写板书，让孩子们抄写的时候，每一行交替使用不同颜色的笔书写，这样孩子们就知道自己抄到哪一行了，更容易找到位置。

- 如果给孩子们写一些关键词，让他们抄写，尽可能使用不同颜色的笔书写。如果有相同字母开头的不同单词，至少要确保这些单词是不同颜色的。这可以让孩子们更加容易辨别：“那个绿色的‘p’开头的单词”。在让孩子们抄写板书的时候，这是一项非常实用的技巧。

- 还可以用颜色区分任务，让孩子们把某一种颜色的单词或句子抄下来。

- 除了使用多种颜色以外，你还可以增加一些小图

锦囊妙计

传统的白纸黑字很刺眼，可以考虑用乳白色或者黄色纸张替代白纸，或者把电脑背景颜色改为黄色，字体颜色改为蓝色。

片，展示相应单词的意思。在抄写名词的时候，这种方法也很有用。

进阶练习

在鼓励孩子们独立书写时，为每个单词标上序号，让每个孩子都能看得见。当孩子们寻找不确定的单词时，老师就可以简单地说出单词上标的序号，这样孩子们就可以很容易地找到这个单词去抄写。

创意 13

个性化塑封卡片

我发现，在同一堂课上，我常常会让孩子们抄写同一个字母或数字好几次。我为他们每人制作一张塑封卡片，上面印有我们这一周要学习的字母，这样他们就不需要经常求助了。

为每个孩子制作一张塑封卡片，放在他们学习的地方，在需要的时候，他们就可以独立找到自己需要的字母或数字。

从互联网上或许能够找到一些类似这样的单词闪卡/抽认卡，可以把它们下载打印出来。不要被那些看起来更诱人的方案所欺骗——它们可能没有孩子们所需要的单词！要对使用自己制作的专属卡片有信心。

• 在一张A4纸上把孩子们需要的字母和数字写下来或者打印出来。如果必要的话，把它们与拼读教学联系起来。

• 在各个小组里，允许孩子们修饰卡片上的字母或符号，或者为其涂色，使其更加个性化。

• 使用干擦笔，把孩子们的姓名用大号字体写到各自卡片上去。

• 把每张卡片进行塑封。

• 把卡片发还给学生们，玩“找人”游戏——给出一个字母或数字，让孩子们尽快找出相应的卡片。

- 把每个学生的个性化卡片放在一个恰当的位置，每次他们想要写自己的名字、字母或数字的时候，可以方便查看。

进阶练习

为不同环境下的不同主题或课程，制作简易卡片。例如，在数学学习桌上，放一组展示各种形状及其名称的卡片，或者不同颜色的数字卡片。当你介绍一个新主题时，例如动物主题，制作一组包含动物图片的卡片，写上清晰的名称标签，方便孩子们在“动物医院”或者“宠物商店”等游戏中使用。

创意 14

害羞小读者

让孩子为大家读一本之前看过的书——这本书可能是孩子很久之前读到的，可以告诉其他同学它讲了什么。

对于害羞或勉强的孩子来说，在小组里阅读或分享一本书也许会难为情。如果这类孩子之前看过这本书，他们就会更有信心，能够在老师和同学们的帮助下去参与讨论。或许，你可以针对最不愿意发言的学生的兴趣找一本书，推荐给他/她所在的小组阅读。

- 找一本或者更多的书，在讲故事活动中使用，或者作为指导/分享阅读课的内容。
- 判断哪些孩子可以提前阅读，从中受益——或许是小组中发言最少的孩子，或者是在厘清书中角色、故事情节方面有困难的孩子。
- 在你上课使用这些书之前一周，把这些书的副本发给这些孩子，让他们带回家和大人一起分享。或者，在大规模阅读之前，先组织这些孩子进行小组阅读。
- 示范如何谈论一本书；讲清人物角色，谈论故事发生的背景，预测故事情节。

教学小贴士

如果有孩子不愿意参加讲故事活动，可以邀请他们一起选择阅读他们喜欢的书。如果你知道孩子们在某方面有兴趣爱好，可以尝试收集这方面的书，或者让他们带来自己喜欢的书。把这些书放在一个箱子里，每次上课让他们从中选一本与大家分享。使用这本书作为讲故事活动用书，并鼓励孩子讲一讲为什么自己喜欢这本书。

- 下一周，小组分享这本书的时候，提出问题，并邀请这些之前得到帮助的孩子发表观点。这可以促使他们在讨论中做出贡献，并增强他们的自信心。

创意 15

展示发言

在展示发言活动中，常常有孩子带来很多玩具，想要逐个介绍。老师怎样才能鼓励安静的孩子们发言，同时又不让这些更有自信的孩子们失望呢？

制作一张轮流表或者时间表，明确每天、每周邀请哪些孩子来进行展示发言，确保所有孩子都有平等的机会，从家里带来一件物品展示，或者讨论某件对他们很重要的物品。

对于某些家长或监护人来说，展示发言活动会令他们发愁——什么时候会轮到他们的孩子呢，他们应该让孩子带什么东西去学校呢，他们应该辅导孩子说什么呢？确保你解释清楚了展示发言的流程，如果有必要的话，可以在学期之初，让孩子们往家里带一封活动说明信。

- 告诉孩子们，请他们从家里带一件物品或者一张照片来，展示给班里的其他同学看，并进行讲解。
- 一开始，允许孩子们从家里带来任何物品。他们往往会带自己最喜欢的玩具。过一段时间以后，改变规则，要求他们带与某一主题相关的物品，或者在生日、假期中收到的礼物。

- 找四五个大拉链包，发给小组里的四五个孩子，告诉他们，只有拥有拉链包的孩子才能从家里带东西来展示发言。
- 在每个包里放一张塑封说明卡，告诉家长或监护人展示发言活动的目的和细节，这样他们就能帮助孩子选择恰当的物品。
- 在活动当天，允许每个拥有拉链包的孩子进行展示发言。
- 为下一次活动选择四五个人，并把拉链包和塑封说明卡发给他们。

进阶练习

在一个重要的地方放一个大箱子或竹筐，并把它装饰得漂亮诱人，作为“展示发言箱”，在开始上课时，让孩子们把他们带来的物品放在里面。在全天时间里，只有带来它们的主人可以触碰这些物品，但其他孩子要想看箱子的“宝物”，只能请求物品主人展示给他们看。设置一块特别场地，让孩子们坐下来相互观赏他们珍贵的物品。

创意 16

文化转盘

让家长帮孩子填写文化转盘，并给他/她找一些家里的照片。孩子可以把家中其兄弟姐妹的名字告诉老师，给她讲他们在家所做的事情，老师可以帮孩子把这些故事讲给其他同学。

班里的每个孩子都有不同的家庭生活体验，这就是他们的文化。让孩子们在家和父母或监护人一起填写文化转盘，给他们机会与学校的成年人和同学分享不同的习俗、爱好、家庭照片以及最喜欢的东西。

文化转盘，就是在A4纸上简单地画一个圆，然后像切蛋糕一样，将其划分为4块或者6块。每一个区域里都写有一个标题。标题可以是类似家庭、食品、朋友、衣着、生日、传统、玩具、节日、宠物等内容。

- 买一个大于A4纸的剪贴簿，作为“文化本”。
- 把文化本和胶棒放在一个透明拉链包里。

锦囊妙计

制作一块文化展示板，每月改变主题。让孩子们从家里带一些东西来进行展示。例如，在“食品”主题下，让他们带一包自己喜欢的食物或者实物图，或者他们吃早餐的照片。把这些照片集合在一起，布置在孩子们能看到的地方——他们喜欢看彼此的照片！

> **教学小贴士**
>
> 孩子们会非常兴奋地看文化本里其他人的页面。文化本贴满之后，把它放在书架上，孩子们就可以借阅。他们会非常好奇大家小时候都是什么样子，或者他对玩具的喜好是怎样变化的。

• 制作一个圆形文化转盘，并将其划分为4块或者6块。在每一块上写上不同的标题。选择适合你的孩子们的标题。然后复印这张纸，给每个孩子一张。

• 打开文化本，把一张文化转盘粘贴在左侧。右侧留出空白，准备粘贴一些与标题相关的图片或照片。

• 和孩子们一起填写文化本的第1页。示范如何阅读标题并完成文化转盘，其间大声说出你的思路，例如，标题为“传统”，你可以引导孩子们这样写：“现在我要写一些有关我的传统习惯的内容——这是指我的家人一直在做的一些事情……嗯，我们每周五晚上都要吃炸鱼和薯条，我要把它写下来！每年的篝火之夜，我们都要去爷爷家看烟花，所以这也是我们的传统。衣服……嗯，我喜欢穿蓝色睡衣，我要把它们的样子画出来。”

• 现在，在与文化转盘的右侧留白处，粘贴一些你自己的照片；你可以选择自己小时候的照片，或者宠物的照片，或者一张假日明信片，或者你在某个特殊场合、穿着特殊服装的照片。与孩子们讨论这些，告诉他们为什么选择这些照片。

• 把文化本（装在塑料拉链包里）交给一个孩子，同时交给他一张塑封卡片，说明活动规则，以及何时归还文化本。一般一周时间就足够了。

进阶练习

把文化本放在一个有盖子的大塑料桶里，这样孩子们就可以带回家一整个“文化箱”。让他们往里添加自己的专属物品——可以是衣服、玩具或者喜欢的书。这些物品将和文化转盘、照片一起被分享。

如果你的班里有一大群孩子，可以制作两个文化本或者文化箱，这样只用一半时间就可以让所有孩子轮流一遍。错开归还日期，这样每周就可以安排两次文化交流课。

孩子们贴满一本文化本之后，再制作一本新的，但是各个分区的标题要一期一变，从而收集更多的信息。

创意 17

帮助孩子找到自己的位置

有些孩子的空间意识不强，坐在人群中很容易不知所措，例如，在集会或者体育课上，甚至坐在教室的地毯上时。有一个固定“地盘”确实有助于他们每次都能找到自己的位置，防止他们在课桌底下到处打滚儿，能够安静地坐在自己座位上。

在一大群人中，幼儿很难找到自己的位置坐下来，特别是在场馆上体育课时。在地板上放一张小垫子或者做标记，可以帮助孩子们快速找到自己的位置。

教学小贴士

如果某个孩子比较自觉，不想坐在这些东西上，可以帮他们制作一张海报，或者以他们能够辨认的方式画出座位表。然后把座位表张贴在会场或用餐区，孩子们在进来的时候就可以看到。

在某些情况下，给整个小组划分“地毯区域”也是有益的，这样他们就能分为情感发展小组、听力小组、同龄人或好友小组等。这样，在要求孩子们坐在地毯上时，可以避免他们紧张。

- 取一两块不同颜色的地毯样品方块。地毯商店经常会在季末扔掉他们的样品本，如果你能设法搞到这些东西，就可以用它们来做很多事情！

- 让孩子拿一块小垫子。告诉他们，这块垫子将一直放在地毯上的同一个位置，他们就应该面向正确的方向，坐在上边。

- 每次坐在地毯上开展活动之前，把他们的小垫子放在地板上，这样他们就能找到自己的位置。

- 有些孩子难以在一个地方坐好，总想爬到其他地方去，这些小垫子也能帮助他们。当他们被某个成年人以提醒的眼神注视之后，这些小垫子给他们提示，帮助他们回到原来的位置！如果必要的话，使用奖励榜，鼓励孩子们坚持坐在自己的小垫子上。

创意 18

好动的孩子

艾琳真的难以安静地坐在地毯上。我尽最大努力让她坐在舒服的位置，但她还是不停地扭动摇摆、伸腰打滚，打扰了周围的所有同学。最后，我给了她一小块橡皮泥玩儿，改变非常惊人！只需要一直让她的手忙着，她的其他身体部位和精神就会保持专注。

有些幼儿属于动觉学习者。他们常常需要动起来，才能集中注意力听讲或者处理信息。有时候，他们在人群中的动作会打扰其他孩子。给他们一个小玩具，“允许”他们只动手掌和手指，他们就会“忙碌”起来，不再去打扰别人。

教学小贴士

在一个专门的箱子里装一些小玩具是很有用的。让孩子们翻看箱子，从中选择一件自己喜欢的物品。请记住一条金科玉律：箱子里的任何东西都不能发出声音，不然就剔除出去。

有必要向其他孩子解释，这并不是一个“奖励”，而是帮助这些孩子听讲的一种方式。大部分孩子会接受这种解释，不再质疑。

- 告诉孩子们，大人讲话的时候，安静地坐在座位上很重要。
- 在安静的时候，让孩子们

一个一个地过来挑选一个小玩具。其中包括可以拉、扯、拧、捏的玩具，或者以诱人材质做成的玩具。

- 让孩子们选一件玩具，并把它放在一个安全的地方。
- 每次需要让孩子们安静坐下来听讲的时候，提醒有需要的孩子去取这些小玩具。

创意 19

我的就是我自己的

每次老师说“拿出书写板和笔”的时候，孩子们总是很担心他们的笔不能用了。有的人老是盖不好笔帽，结果笔干了，老师说话的时候孩子想找一支新笔，却没有找到。这不是孩子的错！

在幼儿早期，独立性和责任感是他们要学习的两个重要技能。这种意识会促进这些技能，确保所有孩子都能在上课前得到所需要的文具。

提前备好文具套装，里面装好每个孩子在上课、拼读、数数、写字的时候需要用到的所有东西。每次活动开始前把“套装”发给孩子们，每个孩子都能得到所需文具。这可以加快上课的节奏，还有助于减少低水平的扰乱课堂行为。

- 给每个孩子准备一个大的透明拉链包。
- 在每个包上贴上孩子的姓名，然后把它们分发给对应的孩子。
- 把一堆A4大小的“书写板”、白板笔、擦拭布（把抹布分割成小方块就行）放在孩子们中间。
- 让每个孩子每样东西拿一个，配齐自己的套装。
- 把这些套装放在一个大塑料箱或者托盘里，靠着你方便拿取的地方放。每次分发这些套装需要花费几分钟时间，但是它可以保证每个孩子在需要的时候都能拿到正确的文具。

- 告诉孩子们，看护好自己的物品是多么重要，并向他们展示怎样把书写板擦干净、怎样盖笔帽、怎样把文具包的拉链拉好，以便下一次使用。

进阶练习

还可以定期为每个孩子更新自己的文具“套装”，比如加入可追踪的姓名卡、音素抽认卡、数字线等，可以在恰当的时候使用。这样，在孩子们需要的时候，这些文具都触手可得，既可以改善上课流程和节奏，也可以教孩子们对自己的物品负责。

创意20

谁又拿走了我的红笔

我找不到标记花名册的红笔了。我把它放在课桌上，但是到下一堂课，它就不见了！

由于花名册属于正式文件，需要使用正确规格、不用颜色的笔做不同的标记。当然，在一天时间里，其他同事可能也会使用这些笔写字，或者做其他标记工作，所以他们可能永远不会在你需要的时候把笔还回来！为了避免这种现象发生，请尝试下面的简单创意。

- 拿相同规格的一支红笔、一支黑笔，适合用来标记花名册。
- 把两支笔头对脚放在一起，让一支笔的笔尖和另一支笔的尾端挨在一起。
- 用一根松紧带，把两支笔绑在一起。
- 你现在就得到了一支“双头笔”——一头是红色，另一头是黑色。
- 调整松紧带，让两个笔尖

教学小贴士

制作更多的双头笔或双头铅笔，辅助你的其他工作。有时候，不同颜色的笔可以用来标记批注或文字块，或者撰写家庭和学校日记。

分别露头多一点，这样更便于书写。

- 这就是你专用的标记笔了。因为除了做标记以外，它用起来并不太舒服，所以人们一般不会拿走它。

创意21

不同的铅笔盒

孩子们喜欢每天早晨从铅笔盒里选择不同的笔，老是用同一支铅笔写字太没意思了！

如果强制幼儿用铅笔在白纸上写字，他们很快就会对写写画画失去兴趣。把一些有趣的写字文具放到一起，孩子们就可以在练习字母、数字形状的同时，探索不同的写字效果。

教学小贴士

当孩子们刚开始来上课时，这是一种有趣的适应性活动。在每张桌子上放一个不同的铅笔盒，并为每个学生准备一个笔记本。当他们进入教室的时候（单独进来或是和父母一起进来），他们就可以走到自己的课桌跟前，选择自己喜欢的文具写字。第二天，更换各张桌子上的铅笔盒，确保让所有孩子都能用到不同的文具。

这个创意的基本原则，在幼教中非常重要。为了学习、巩固技能和知识，孩子们需要反复进行同一项任务和活动。这种做法可以让这些事情更有趣味！

- 收集几个不同的铅笔盒——可以考虑不同的大小、形状、材质和颜色，但都要很漂亮。
- 在每个铅笔盒里放一组不同的写字文具。包括不同类型的文具，比如毡尖笔、荧光笔、中性笔、彩色粉笔、蜡笔、彩色铅笔、金属笔，以及带有羽毛、铃铛、玩具、弹簧等装饰的普通铅笔。

- 每天早上，在每张桌子或每个区域放一个铅笔盒，以及一些纸张。
- 鼓励孩子们研究铅笔盒里的这些书写工具，并试着用每支笔写他们的名字或某个音素。

创意22

涂鸦桌

有时候我只想让孩子们拿起笔来，写写画画！我不想强制要求其内容，也不打算给他们评分，给他们一个自由发挥的机会吧！

铺一张大纸在桌子上，所有孩子都可以在上面涂鸦，这个创意鼓励孩子们在上边画各种图案，并减少了目标、评分或课程的限制。

画图是一项重要的技能，它需要孩子在不同的方面协调发展。它需要身体力量、协调性、思维、记忆和空间意识，如果和别人一起画图，还需要考虑周围人的做法。

- 使用一大张纸铺满一整张桌子，把边上多出来的纸顺着桌子边缘折下来，使用胶带固定好，就好像包装一件礼物一样。确保桌子的顶面和边缘都被包起来了。
- 在桌子上放一个笔筒，在里边放入钢笔、铅笔、粉笔以及你和孩子们喜欢的画图工具。
- 告诉孩子们，他们可以在这张桌子上随意写画。他们或许会觉得这难以理解，特别是这张纸没有限制的边缘——如果孩子们喜欢的话，他们可以相互面对面画图。

- 一天或者两天之后，这张纸可能就会被涂鸦填满了。当孩子们觉得“完成”了这张纸的时候，让他们告诉你，然后换掉这张纸。
- 展示这张纸上的各种图案。
- 如果有不愿意写字的孩子画出了有意义的图案，把它剪下来，放进他们的记录文件夹里。

进阶练习

在户外使用这个创意时，你可以使用油漆和一个大画架，或者将一大张纸糊在篱笆上，让孩子们在这张纸上随意涂画。如果你想联系某个主题做这个活动，可以让孩子们画有关这个主题的内容，比如画花草、动物或者食物。

创意23

巨幅作画

孩子们喜欢所有大型的东西，在户外带上一卷便宜的大衬纸，可以鼓励不愿意写字的孩子拿起笔来，尽情地在上边涂画。

有些孩子在户外更愿意用笔和纸，因为这项活动更加不拘于形式。通过提供大的纸张，他们不再被局限于设计好的活动中，可以和朋友们合作，去创作一大幅图画。

为了让这项户外活动真正做到自由包容，要确保你为孩子们提供很多不同的文具，特别是适合画图的文具，比如彩笔。

- 购买一大卷便宜的衬纸。如果还不够用，也可以使用纯色或有浅色图案的墙纸。
- 在一块相对平坦的地上铺纸，并用石头或者书籍之类的重物压住固定。
- 给孩子们提供一箱在纸上画图的彩色画笔。
- 鼓励孩子们在纸上自由涂画。你可以让孩子们以不同的大小和颜色写字母——他们能够复制朋友们的作品吗？谁能画出最大的“S”？

进阶练习

可以在大卷纸上进行画图练习，作为当前学习主题的一部分。大纸特别适合画类似“我们自己”这样的主题，让孩子们画自画像。在孩子们第一次看到卷纸之前，找一个家长志愿者在上边先勾勒出孩子们的轮廓，然后再把它卷起来。当孩子们打开卷纸的时候，就会看到这些图像一个个地呈现出来，他们可以在上面进行补充装饰，添加衣物。大量的纸张意味着，他们可以一整天都在上面绘画彼此的样子——只要确保他们是在用蜡笔而不是毡尖笔，以免弄脏衣服。

创意24

粉笔地图

我班上有一个男孩，他握笔的方法总是不对。我要给他找一个粗一点的工具来握，粗粉笔就很好。粉笔的好处在于，不论怎样划过物体表面，也不论用力大小，它都会留下痕迹。这帮助他成功掌握了握笔方法。

幼儿可能发现，用笔写字是件极富有挑战性的事情（倾斜正确的角度，执握笔杆的恰当位置，使用恰当的力度）。通过使用粗粉笔，很多这样的问题会得到缓解，给他们信心再去尝试其他文具。

尝试寻找其他模仿写字而不需要笔和横格纸的活动。

- 操场粉笔是这种活动的完美工具。在户外找一块适合画画的平地。孩子们应该能够直接在地上（沥青路、步道砖、水泥地等）画画，但是你也可以使用大块的硬纸板代替。
- 在粉笔旁边放一篮子玩具车。

教学小贴士

如果你班里有孩子写字母的笔顺总是不对，比如顺时针写“O”，而不是逆时针，那么这是一个非常有趣的矫正方法。在地上画一个“O”形的轨道，然后让这个孩子反复沿逆时针方向“开车”，或者用不同颜色的线条描“这条路”。

- 示范在空地上“开车”。决定你的小车是要走直线还是走曲线，或者两者兼有。
- 例如，在地上画一条简单的路线，在上面开玩具车。
- 让孩子们做这项活动，研究应该怎样选择路线。
- 当你关注的孩子选择这项活动时，密切观察他的行为，帮助他使用正确的姿势握粉笔。

创意25

整理轮廓

设计整理轮廓确实是一个旧创意，但是它的确能帮助孩子们清洁教室，并找到一些丢失的或者放错地方的物品——这就说明，旧创意也可以是最佳创意。

保持环境清洁的关键，就是不要有太多东西！定期检查你的东西，以及它们的存储方式；进一步归整杂乱的东西。

找一个桌面或者架子，放置剪刀、铅笔、蜡笔、胶水、打孔机、胶带等物品，这样可以保证你每次课后都将所有物品恢复原位。

- 按照你喜欢的方式布置桌面上的这些东西。
- 在一张黑纸上画出这些物品底部的形状。
- 把这些形状剪下来，按照你设计的位置贴在桌面上。
- 给这些形状制作标签，但不要压住它们的边缘——这些轮廓或“脚印”应该是清晰可见的。
- 每次课后，看一眼这个桌面——如果有人没有把胶带之类的东西归位，你立即就能发现。

进阶练习

在户外使用这种轮廓创意，整理大型设备，或者放置沙滩和水上玩具的大架子。如果有这些“脚印”，孩子们会自觉地想要从沙坑或水池中把东西拿出来，放在这些轮廓上——不经意间就达到了整理效果。

创意 26

鼓励孩子独立写字

鼓励某些孩子独立写字可能很困难。我发现，创建一个写字角，在那里放置多种大小、颜色、类型的纸张，即使是最不愿意写字的孩子，也会每天走过去看看那里的情况。小块的、奇形怪状的纸张或卡片，似乎特别能吸引男孩子！

鼓励不愿意写字的孩子，给他们一小块纸，让他们放手一搏写一写！

对于不愿意写字的孩子来说，A4纸可能有点吓人。因为这种纸空间太大，他们有时候会逃避在上边写字，因为他们知道这张纸写完之后是什么样子（比如像一页书的样子），感觉自己不可能做到类似的事情。在写字角放置多种颜色、大小的纸张，可以鼓励他们写一个简单的词语或短语，那就足够了！

- 选择多种颜色、不同厚度的纸张。包括薄绵纸、皱纹纸、包装纸、纸桌布、空白卡片、礼物标签、明信片、不干胶标签等。
- 把这些纸剪成不同形状的小块，折叠其中一些做成简易卡片。
- 剪出类似正方形、圆形、椭圆形或三角形等形状；窄纸条用来横向写一句话或短语；宽纸条用来竖向写购物清单或者人员名单。

- 收集多种颜色的钢笔、铅笔和蜡笔。
- 告诉孩子们，他们随时可以到写字角玩，他们可以在那里随心所欲地写。

进阶练习

在每次角色扮演场景中提供一次写字机会。给孩子们提供必要的材料，让他们在扮演主题下创作恰当的内容。例如制作姓名徽章、邀请函、地图、说明书、清单、记录、价格标签等。在角色扮演中插入一些你的示范例子，启发孩子们，然后给他们创作空间，独立拓展自己的技能。

创意 27

简单展示写字作品

我发现，孩子们在他们书本上写的字，不如在趣味纸张上写得好。当我给他们一张颜色形状新奇的纸张，让他们在上边记录自己的想法时，他们写字的质量通常都会提高。

在幼儿看来，写字是一件重复枯燥的事情。通过不断的变换目标、材料和呈现方式，可以引导孩子们在不知不觉间完成另一项任务！

教学小贴士

这个技巧可以简单快速地展示孩子们的写字作品。制作一个活动需要的形状模板，然后一次剪出多个副本。这些纸张形状都是一样的，而每张纸上字体的形状大小各有不同，这就很容易用肉眼分辨其中的区别！当孩子们看到你在用心展示他们的作品，而且对比如此明显时，他们就会鼓励自己下次继续努力地去写。

为孩子们提供在多种颜色、活动需要形状纸上写字的主题。例如，如果他们在写有关冬天的内容时，可以剪出蓝色的冰柱、白色的雪球，或者简单的小野兽和车辆的形状。

- 选择最符合主题的颜色和形状。
- 努力保持简洁明了，避免复杂的剪纸工作。

- 在你想要孩子们写字的地方画出横线。
- 用复印机将这些原版形状印在各种颜色的卡纸上。
- 帮助孩子们把他们的名字写在纸上，准备展览。
- 如果先让孩子们写字再剪纸，这项工作就会更加容易而且方便——如果你事先剪出一个特定形状，它可能卷边，或者被撕坏。要确保每个孩子都在形状轮廓之内写字。

创意28

让拘谨的孩子混合颜色

有些孩子不喜欢弄湿或弄脏手，特别是比较拘谨的孩子。这个创意能让他们探索体验混合颜色，同时保持他们的双手清洁干燥。

把颜料放进一个有韧性的容器中，比如装三明治的塑料袋，让孩子们揉动里边的颜料，并观察其中的颜色变化，一点儿都不脏！捏颜料是一件有趣的事情，从婴儿到学龄儿童都喜欢这种活动。

混合颜色是大部分孩子都很喜欢的活动，但很多实验到最后，只得到了一团棕褐色的污泥。本创意可以帮助成年人控制颜料，以取得最佳效果。

- 把两种颜色的颜料挤入一个透明的三明治袋子或者保鲜袋中，然后封口，里边留少许空气。

- 深色的颜料要少放一些，以确保颜色成功变化——例如，如果你使用相同数量的黄色和蓝色颜料混合，最终混合的结果还会是蓝色，而不是

锦囊妙计

对于肌肉紧张度或强度有缺陷的孩子们，可以用聚乙烯醇胶水代替一种颜料。告诉孩子们，捏、挤压袋子，直到看不见白色胶水为止。聚乙烯醇胶水很难与颜料混合，所以这可以锻炼孩子们的手指力量。

绿色。

- 让孩子们捏袋子，使颜料在其中搅动，逐渐把两种颜色混合在一起。

- 有些孩子会满足于两种颜色斑驳交错的效果，而有些孩子则会继续挤压，直到把两种颜色彻底合二为一。

进阶练习

把这些颜料袋挂在晾衣绳上展览。为了强化效果，可以按照颜色变化悬挂这些袋子，或者用手工店里的彩条装饰展览。

创意 29

颜料写字

用手指蘸颜料写字太好玩了！即便写错了也不要紧——孩子们只需要用手擦一擦，就可以重新写！

用手或者手指涂抹会很脏。本创意展示了孩子们能怎样把颜料涂满整张桌子。由于不需要工具，所有年龄水平的孩子都可以从事这项任务：从婴儿到蹒跚学步的幼儿都会喜欢它！如果适当改善，还可以用本创意来进行书写练习，反复写一些简单词汇，从而让孩子们学习拼写，或者研究混合颜色和印刷效果。

本创意完全不需要纸张，只需要塑料袋和颜料就足够。如果你们班上没有桌子，甚至可以在地上操作！

- 把黑色塑料袋盖在桌面上，并把它绑在桌子边上，完全覆盖桌面。
- 如果在户外，可以不覆盖地面，如果在室内，或许还需要把地毯或地板提前盖起来。

教学小贴士

用一张纸，放在孩子们黑塑料袋上的作品上并轻按。然后就可以在纸上印上他们作品的图案，可以保存起来。然后，孩子们可以用手擦掉他们在塑料袋上的作品，重新开始画！

● 准备一碗温肥皂水、一条毛巾，孩子们完成之后就可以立即洗手。中途不要让孩子们带着他们的小脏手离开这张桌子！

● 选择两种符合你们主题、与黑塑料袋对比鲜明的颜料（黄色和橙色就很好，白色和金色也可以）。直接将颜料倒在桌子中间位置的塑料袋上。

● 让孩子们卷起袖子，别弄脏衣服，然后把手指和手直接放入颜料中，在黑塑料袋上“画画”。

● 当颜料布满整个区域之后，给孩子们演示怎样在颜料中划动手指，露出下边的黑塑料袋，从而完成“画画”效果。

● 结束时，只需要把塑料袋从桌子上揭下来，扔到垃圾箱里。

● 如果在你们的环境中使用颜料太脏，可以以类似的方式在盘子中使用干燥材料。不错，干沙子就是一种很好的材料，孩子们可以用手指做“沙画”。这不需要操作任何工具，使得孩子们能把精力完全集中在他们正在书写字母的动作和方向。

● 用干茶叶渣代替沙子，既安全又有香味，面粉和糖也可以。为了增加趣味，可以在茶叶渣中放一些玩具汽车，让孩子们在茶叶渣上“开汽车”，轧出字母形状的轨迹。

我在一个建筑商的院子里看到的一个托盘很适合实施这个创意教学，叫“混凝土站”之类的名字，它们的最初用意，是让建筑工人在地上搅拌水泥。这种托盘很浅，但是很大，可以同时容纳几个孩子在里边玩耍。它们可以用于很多用途，例如存放一堆砖块之类的建筑材料；创建小世界模型；放置拼图材料，这样拼图散开后，就不会散落得到处都是！

进阶练习

为了鼓励孩子们培养早期写字能力，可以使用透明的塑料布盖在桌子上，在下边放一些简单的形状或字母。鼓励孩子们用手指在颜料中“作画”，描下边的形状。这些形状可以包括横线、竖线、Z形线、螺旋线和波浪线。你还可以使用一些塑封卡上的形状或图案让他们临摹。然后，可以把他们的作品印到纸上，作为他们早期写字作品的永久记录。

孩子们能够反复练习“写”自己的名字，而不会害怕犯错误。在以“看、遮、写、查”的方式学习拼音和拼写时，这种方法也是有用的。

本创意也可以和混合颜色活动搭配使用。把两种颜色挤到塑料布上，让孩子们摸索着把它们混合到一起。在这个过程中，印下他们各个阶段的成果，记录颜色变化的过程。

创意 30

隐形涂鸦

孩子们喜欢隐形涂鸦这个创意。它虽简单却很有趣，能够根据外部空间大小进行不同规模的活动。它还可以与书法、字母、数字、拼读之类的特定学习目标相搭配。

孩子们使用多种刷子，可以在户外用水“画画”。在干燥的天气下，他们画的图案是可见的，在这些图案干掉之前，给他们一小段时间去涂画。

隐形涂鸦也可以用来介绍太阳加热、烘干的效果。孩子们就能明白雨过天晴后水坑都到哪里去了！

- 准备几桶水，以及多种刷子。
- 刷子要有不同的类型和大小，包括墙纸糨糊刷、宽阔的油漆刷、水彩刷、牙刷、清洁刷、畚箕刷，以及教室里的一些常见油漆刷。
- 在一个干燥的日子，带孩子们到户外，告诉他们可以在哪里用水“画画”。地点可能是地板或墙面，或者两者兼有。
- 让他们研究水在不同表面上的效果。
- 让他们用水画各种形状、图案、字母和数字，或鼓励他们练习书写自己的名字，或与拼读项目有关的音标。

- 使用数码相机记录孩子们所画的图案，并保存下来，作为之后评分或者制订下一步目标的依据。

教学小贴士

给孩子们设置一个与本周数学教学内容有关的挑战。例如，孩子们能在1分钟之内写多少个5，或者能在1块地板砖上画多少个三角形？

创意 31

签到，签到

为了提高孩子们体育课前换衣服或换鞋的速度，我为最快完成的几个孩子提供小贴纸作为奖励。这不仅可以鼓励那些动作较慢的孩子加快速度，而且通过让他们把自己的名字写在黑板上的练习，能够提高他们的写字能力。

对于某些孩子来说，在学校换衣服可能是他们出生以来第一次独立地穿衣服。在家里或者学校练习这种技能是很重要的，本创意通过奖励他们的努力，提高他们的独立能力。

为了鼓励孩子们快速、安静地换衣服，可以给最先穿好的孩子提供类似小贴纸之类的奖励。根据孩子的数量，准备足够的小贴纸，使大约一半孩子能得到奖励，这样，奖励对于每个人都是可望可即的，而不会局限于少数几个获奖者。

> **教学小贴士**
>
> 在书写板上画一个形状，比如6个花瓣的花，或者4个窗子的汽车。告诉孩子们，最快换好衣服的人，可以把自己的名字写在花瓣或者窗子上。

- 让孩子们收拾他们的衣物。如果你想要稍稍“歪曲”结果的话，可以让穿衣最慢的孩子先去取衣物，从而让他在起点上领先。

- 告诉他们，穿好衣服就可以得到一张小贴纸，但是小贴纸的数量不够每人一张，所以他们必须集中精力，非常有条理地穿衣服。

- 给最早穿好衣服的孩子发小贴纸。这时候要给他们安排一些其他任务（例如看绘本），以免他们去打扰其他人。

- 如果孩子们年龄较大，可以让他们在换好衣服以后，把自己的名字按顺序写在黑板上。等所有人都换好衣服以后，给名字最靠前的几个学生发小贴纸或奖品。

- 如果有孩子从来都没有得过奖品，可以在穿衣比赛后紧接着进行脱衣服比赛，或者进行一些其他你知道他们能成功的简单任务。

创意 32

下一个轮到我

小孩子喜欢在积木场玩耍，但是总有一群孩子先进去，而且一玩儿就玩儿很久！如果出去玩儿别的，又会错过轮换的时间，再次错失机会！

在每个受欢迎的游戏场地旁边挂一块写字板，孩子们可以在上边签名排队，在大人们宣布“轮换时间到”的时候，就不会错过他们的玩耍机会。这还能鼓励所有孩子学习怎样做自己的记号，哪怕用姓名缩写也行，因为这种写字是有目的的。如果大人们看不懂他们写的名字，他们就会错过玩耍的机会！

- 在积木场、沙坑、水池、电脑、角色扮演等每个游戏场地入口处放置一块写字板，上面夹一张纸，并用绳子在上边挂一支铅笔。
- 告诉孩子们，如果他们到达的游戏场地已经“满员”了，就必须把自己的名字写在排队名单上，或者做一个记号代表自己。
- 每隔一段固定时间，到写字板前说：“轮换时间到！”并读出名单上接下来的几个名字。
- 没有必要阻止孩子们在同一堂课上反复参加自己喜欢的游戏，只

教学小贴士

如果你想要鼓励孩子们探索、体验不同的活动场地，可以按照你的想法，在各个场地门口的写字板上写好他们的名字。告诉他们，他们不必马上去那里，但是一堂课当中，必须去一次。对于不自信的学生，可以在他们的名字后边标注“+1”，表示他们可以找一个朋友一块去玩儿。

要他们按规定排队就行。

- 有些孩子在签名排队之后、被轮到时可能改变主意，这没关系——把他们的名字划掉就行。
- 记得划掉你已经叫过的那些名字。

创意 33

我需要把什么带回家

有些孩子会在放学的时候感到困惑。他们可能总是想不起来收拾哪些东西，结果总是丢三落四！

这个创意既适用于个别孩子，也适用于一群孩子。照片可以帮助他们看到，他们需要整理哪些物品，以及在哪里可以找到它们。

对于大多数孩子来说，用一张照片展示他们需要整理带回家的常用物品，就已经足够了。不过，某些孩子或许还需要特别引导，帮助他们收拾东西。

- 让孩子穿好外套，给他们各拍一张照。一定要让他们本人穿着自己的衣服照。
- 在适当的地方，给他的餐盒、水杯、书包拍一张照。
- 把这些照片剪下来塑封。
- 在每张照片背后粘上搭扣，把搭扣的另一边粘在一张卡片上，这样就可以把照片贴在卡片上。
- 制作一个有投口的小盒子，让照片里的孩子选择贴画和符号装饰它。

- 给这个孩子演示，如何看一看贴着照片的卡片，就明白要收拾什么东西。当他/她收拾好这件东西之后，就可以把相应的照片揭下来投入盒子里。然后继续看下一张照片。
- 当所有照片都被取下来的时候，这个孩子就已经收拾妥当，准备回家了！

进阶练习

本创意还可以用来帮助孩子们做多种事情。例如，在体育课前换衣服，在开始写字前收拾东西，准备吃午饭，在家里准备上床睡觉等。

创意 34

那是孩子的活儿

大人们总是说，“收拾东西！”但是孩子们从不确定应该做什么。每一个人都在忙，只有孩子在这里闲逛。

对于某些孩子来说，“收拾东西！”这个指令完全没有意义。不过，如果每个孩子都有一项具体任务，他们就会知道在“收拾东西时间”，他们应该到某个指定地点，执行某项任务。

告诉孩子们，收拾利索之后周围环境应该是什么样子，以及在收拾东西期间需要完成哪些任务。把这些事情列一个清单出来，然后让他们选择自己要完成的任务。在每项任务旁边注明相应的人名。如果有必要的话，可以长期公示这份清单。具体的收拾任务可能包括：

- 收拾蜡笔。
- 挂围裙。
- 把积木收拾到盒子里。
- 把椅子塞到桌子下边。
- 把书籍整齐地摆在书柜里。
- 检查衣帽间是否整洁。

教学小贴士

在墙上张贴一张表，图示不同的角色，比如用一张表盘形状的图。把每个孩子的名字写在一张塑封卡片上，在卡片背面粘上搭扣。在表盘的各个数字位置上也粘上搭扣。这样，你就可以每周轮换表盘周围一圈的名字。这个表盘可以让孩子们看到，他们的下一个角色将是什么。

- 整理角落——这还可以细分为把盘子碗放进橱柜、把幼儿用品放进篮子里、把衣服挂在架子上等。

把孩子们分为两人一组，这样他们就可以一起去正确的地点，共同收拾。告诉他们，完成自己的任务之后，应该安静地坐下来看书，直到大人说收拾好了。

创意 35

没地方了

孩子们喜欢在角色扮演场地玩耍，但是有时候那里的人太多了，简直能把人挤扁！如果给每个进去玩儿的人准备一条饰带，孩子们就能知道那里能容纳多少人，什么时候里面还有地方。

每种颜色的饰带对应一个游戏场地，用来表示多少孩子可以安全地在里边玩耍。最便于孩子佩戴和老师保存的是体育课上那种斜跨在身上的饰带。

- 和孩子们讨论，每个场地一次可以容纳多少人在里面安全地玩耍。
- 讲清楚各个场地能容纳多少孩子，并在游戏场地旁边挂上提示牌。
- 把相应数量的彩色饰带挂在旁边。使用不同的颜色代表不同的场地，例如蓝色代表水池，黄色代表沙坑，红色代表积木场等。
- 告诉孩子们，他们要佩戴一条彩色饰带才能进入相应的场地，出来之后要归还饰带。如果他们到达一个场地时，那里已经没有饰带了，那就必须稍后再来玩儿。

进阶练习

你可以在户外场地使用类似的方法，但是如果孩子们要攀爬或保持平衡，必须要注意安全。例如，为了限制一个攀爬架上的孩子数量，可以使用颜色鲜艳的“发绳”（或者有弹性的头箍），让孩子们戴在手腕上。

创意 36

传递笑容

这是一个非常好的围圈游戏，旨在提高孩子们的专注度和注意力，同时还能促进增加他们之间的友谊！

大家围成一个圈坐，彼此甜甜的微笑不仅能够给孩子们带来温暖的感觉，促进他们彼此间的友谊，还让他们变得更礼貌。在所有这类围圈游戏中，如果有孩子太紧张或不愿意在圈里讲话，轮到他们的时候，可以直接“跳过”。

以下这种集体活动可以在任意数量的孩子之间展开。

- 让孩子们围成一个圈坐下来。
- 为了进行示范，你自己也要坐在圈里。一定要和孩子们一起坐在地板上。
- 练习集体微笑——张开大嘴，并转过来看彼此的笑容。

教学小贴士

如果孩子们最初觉得传递抽象的笑容太难，可以使用一个绒毛玩具。在圆圈中传递玩具，在把玩具传递给下一个人的时候，彼此微笑。

锦囊妙计

另一个类似的创意是“传递握手”。所有孩子手拉手围成一个圈。从你开始，轻轻地握你左边孩子的手。然后这个孩子再握他左边人的手，这样依次在圈中握手。在游戏开始之前，有必要说明轻轻握手，以免把手指挤伤！和第一个游戏一样，当握手传回发起者的时候，大家一起说“谢谢你”，并击掌庆祝。

当孩子们能够成功传递握手之后（这也需要一些练习），你可以把这个游戏拓展为“是谁干的”（“whodunnit”）。

- 向孩子们演示，怎样轻轻地握别人的手。
- 选一个孩子站在圆圈中间。
- 告诉中间这个孩子，握手可能从圆圈的任意位置开始，他/她则需要指出正在握手的人，或者在认出来是谁之后，说出对方的名字。
- 让站在中间的孩子闭上眼睛。
- 悄悄指圈里一个孩子，从他/她开始传递握手。
- 在圈里传递握手的时候，让中间的孩子睁开眼，寻找哪里在握手。
- 给他们无数次机会猜握手在哪里，或者限定三五次机会。
- 当中间的孩子准确找到正在握手的人时，让他们互换位置，重新开始游戏。

- 告诉孩子们，他们将按顺序对自己旁边的人微笑。当他们“得到”旁边人的笑容时，就要把笑容“传递”给另一边的人。

这个游戏要求所有孩子安静地坐着，观看笑容传递的过程。如果有孩子发现自己难以做到这一点，可以让一个成年人陪坐在他/她身旁，或者从他/她那里开始游戏。

- 当笑容回到发起者那里时，大家一起说“谢谢你”，并相互击掌庆祝。

进阶练习

可以使用这种方法向大家介绍新的小朋友。在圆圈里传递玩具或木偶，并让孩子们把自己介绍给木偶。这样可以减少孩子们面对集体讲话的恐惧感。当他们对着木偶说“我的名字叫杰米”的时候，能够避免与大家的眼神交流。依次传递，鼓励大家发言。

创意37

认真听

这是一个很棒的游戏，可以用来培养听力辨别技能，为学习拼读法和构词法打基础。

通过鼓励孩子们认真听日常声音，他们开始辨别其中的异同。这会在他们开始阅读、拼写单词时起到辅助作用。

拼读项目的第一阶段有很多类似的听力辨别游戏。很容易在教室找到本创意所用的道具。

- 靠近孩子们放一个画板或黑板，确保他们看不到背后。
- 收集一些孩子们熟悉的、能发出声音的物品。比如一串钥匙、一只深平底锅和锅盖、一只放在杯子里的茶匙、一部有铃声的手机或一个能发出声音的玩具。
- 不要让孩子们看到，选择一件物品，在遮板后边发出声音。
- 让孩子们辨认他们听到的声音。为了降低难度，你可以事先让他们研究研究这些物品，了解它们的特性。
- 如果有孩子正确地辨认出了一件物品，就让他来到遮板后边，自己选一件物品发声。

进阶练习

给这些物品拍照，并把照片复印在一些小卡片上。给每个孩子发一张卡片。用一件物品发声，并请一个孩子站起来，辨别他们听到的是否是自己手中卡片上的物品。还可以做一个拓展游戏，用打击乐器代替日常用品，并在活动前后让孩子们独立研究这些乐器。

创意38

投影地图

绘图和平面图的概念，对于幼儿来说很难掌握。通过对比观看现实生活中的实物和平面图之间的关系，孩子们就能逐渐把两者联系起来。

幼儿会觉得平面图的抽象概念令人困惑。本创意让他们拿着熟悉的物品，然后探索从不同角度观察这件物品。

在孩子们进入教室之前，并不需要准备多少东西。关键在于，在游戏开始之前，不要让孩子们提前看到使用的物品。

- 准备一台架在空中的投影仪及幕布。
- 在投影仪的投影平台旁边放一张卡片，这样坐在地板上的孩子就只能看到幕布，而看不到投影平台上放了什么东西。
- 放一把剪刀在投影平台上，然后打开投影仪。
- 剪刀的投影会清晰地展现在幕布上，孩子们会立即辨认出来。

教学小贴士

制作一些投影轮廓卡片，和实物放在同一个篮子里。鼓励孩子们配对这些东西。还可以使用投影仪展示这些物品的投影，增加趣味性。

- 与孩子们探索其他物品。包括容易辨认的物品，比如回形针、手套、小刀、夹子和梳子；也包括一些较难辨认的物品，比如钢笔、骰子、铅笔刀、茶叶盒、厕所卷纸。有些物品从某些特定角度看，可能非常难以辨认，换一个角度看，可能就会真相大白。一个木质夹子从一边看，可能只是一个长方形。到另一边看，才会显出它的特殊形状。

创意39

计算坐标

这是一种孩子们喜欢的藏宝游戏。这种创意以一种简单、实用的方式，让他们亲身体验坐标系。

在沙盘上制作一个微缩世界模型，孩子们可以在里面埋藏宝贝，然后使用简单的坐标系指导他们的朋友发掘宝藏。

- 在一个大沙盘里装5到10厘米厚的沙子。
- 在沙盘上拉3条线，像这样划分格子：一条线与沙盘的长边平行拉，两条线与沙盘的短边平行拉。这样就把沙盘分割成了6块。
- 把一些小玩具作为“宝藏”埋在沙子里。
- 使用背胶标签在沙盘侧面做标记，像在坐标系中

锦囊妙计

使用小一点的沙盘，三四个孩子一组，让他们自己制作3D地图。如果他们能够让一个玩具娃娃在他们的地图里“走路”，就是赋予了它“生命”！

- 作为一个小组，讨论他们想要创建怎样的环境。
- 使用沙子、灰泥、纸张、砾石、积木、微缩世界模型、玩具车和自然材料，在沙盘里搭建一个场景。
- 帮他们在沙盘上拉线。如果必要的话，可以简化为4个方格。
- 提问孩子们有关他们3D地图的问题——每一个方格里是什么？还能不能增加其他景观？

一样把各块标记为A1、A2、A3、B1、B2、B3，并记下来宝藏埋在哪里。

- 告诉孩子们，怎样数这些标签，以找到正确的方块。
- 把藏宝方格的坐标告诉孩子们，指导他们寻宝。
- 让孩子们和他们的朋友一起玩这种藏宝寻宝游戏。

为了拓展、夯实他们的地图和坐标知识，将其改编为一个掷骰子游戏。让孩子们两人一组，掷骰子决定搜索哪个方块。

- 找一个只有1、2、3的骰子。
- 再找一个标有A、B的骰子。
- 向孩子们演示，怎样掷两个骰子，得到一个方格的坐标。
- 让孩子们轮流掷骰子，直到他们找到“宝藏”为止。

创意40

业余考古学家

在不了解情况时去找埋在冰块里的东西，非常令人激动。虽然只有用工具才能把那些东西挖出来，但孩子们依然会乐此不疲！

孩子们喜欢惊喜。把不同的物品藏在冰块里，孩子们必须通过耐心的团队协作，才能找到里面的东西。

本创意需要时间准备，并冻结冰块。确保你有一个足够大的冰箱，能够容纳那些容器！

- 收集一些大的塑料容器，包括冰激凌桶、切开的两升饮料瓶、中间切开的牛奶瓶、黄油桶、果冻模具等。
- 在冰块里“藏”一个小物品，比如小玩具士兵、乐高积木、小房子、贝壳、鹅卵石、小木偶的衣服、小塑料玩具、夹子、小圆板、弹球以及塑料的磁性字母和数字——把一些这样的东西

锦囊妙计

把从0到10的数字埋在冰块里。这项活动的目标是让孩子们挖出所有数字，并按顺序排列。这个创意还可以用于其他课程领域，比如拼读课（押韵音素分组/字母排序）、科学课（按照材料性质分组）、数学课（按照弯曲程度给形状分组）。变化组合无穷多！

放入容器中，然后加入水。

• 把容器放入冰箱。大的容器需要一定时间才能完全结冰，所以要有充分的准备时间。

• 把藏有物品的大冰块放入水盆中。

• 给孩子们提供一些木质工具，用来安全地“挖掘”冰块。

• 眼睛保护装备（太阳镜）、手套和围裙也许用得着。

教学小贴士

如果在往容器里灌水的时候，物品浮到了水面上，可以用一些冰块压住它们，或者一层一层地制冰，把不同物品放在不同层次里。

创意 41

冰块游戏

这确实是一个简单创意，但是它既可以在室内使用，也可以在室外使用，既可以在夏天使用，也可以在冬天使用，而且完全不需要过多的经费！孩子们熟悉冰，而且喜欢探索冰的特性。

孩子们喜欢不同形状的冰块，看它们慢慢融化。把冰块放入水盆中，孩子们不但可以观察冰的融化，还能计算它们融化的速度，或者看它们在水中的起起伏伏。

为本创意搜集形状有趣的容器。食品包装往往形状特殊，而且完全免费！

- 找一些不同形状、大小的容器装水。比如饮料瓶、气球、带棱的杯子、冰激凌桶、橡胶手套等。很多这样的物品可以从冻好的冰块上剪下来，直接扔掉。
- 把这些灌水的容器放入冰箱，直至冻好。
- 把冰块从容器中取出来（比如可以把橡胶手套剪开，留下手掌形状的冰块），并把它们放进空水盆里。
- 向水盆中加水，观看冰块在水中的起伏——可以在水中掺一些食用颜料，让冰块更加显眼。建议戴好围裙不弄脏衣服！

- 如果想要让冰块更加有趣，可以在冻冰时加入闪光粉或食用颜料。

进阶练习

让孩子们把一些盐撒在冰块上。观察冰块遇到盐之后的快速溶解，并聆听冰块开裂发出的声音。告诉孩子们，冬天可以把盐和沙子撒在光滑的冰面上使其尽快融化，保护出行者的安全。

创意42

彩色冰窗

尽管这种艺术活动有点脏，但是它非常好玩，每个孩子都能创造出一些极其独特的东西。不需要任何技能，每个人都可以取得成功！

在一个浅盘里冰冻彩色纸条，每个或每组孩子都可以用冰制作一个“彩色冰窗”。记得在它融化之前，抓紧时间拍照留念！

本创意需要不只一节课的时间来完成，因为它在添加彩色纸条之前，需要准备浅冰盘，最后再把纸条冻进去。可以准备两三天时间，来完成整个活动。

- 搜集一些大约A5纸大小的浅盘子。快餐盒就很好，特别是带盖子的透明塑料盒。
- 在每个盘子里放一浅层水，并将其冰冻。
- 同时，把不同颜色的薄纸撕成窄纸条。
- 向孩子们演示，怎样把纸条放在盘子底部的冰层上，把一些不同颜色的纸条重叠。
- 轻轻地向纸条上浇水，然后再把盘子放回冰箱冰冻。
- 冰冻结实之后，把冰板从盘子里取出来（应该很容易取出来），让孩子们拿着它，对着光观察颜色。

- 把冰板平放下来，放在一起看。最好在室外做这件事——彩色纸条可能弄脏手指、衣服和地板。
- 在它们融化之前快速拍照！

进阶练习

可以使用层压板和薄纸，在室内复制本活动。给每个孩子一张层压板。向他们演示，如何撕薄纸条，并把纸条放入塑料袋，叠加出不同的颜色。把层压板压合在一起，制造出“彩色玻璃”的效果。把层压板剪成书签的形状，并在其底部打孔，系一根流苏丝带，就制成了一张书签。孩子们可以把它当作礼物，或者在幼儿园跳蚤市场上出售。

创意 43

棉花糖小屋

本创意结合了糖果和建筑——多么完美的组合！最美妙的是，最后孩子们还可以把小屋吃掉！

爱斯基摩人的圆顶小屋对孩子们来说充满魅力，但是用冰块制作小屋很困难，因为孩子们手掌的温度很高，冰块很快就会融化。因为棉花糖本身就有黏性，因此，不需要切割冰块的准备工作。

在开始活动之前，确保没有人对棉花糖的任何成分过敏。如果有人过敏，他们的家长或监护人可以提供一些替代用品。

- 买一包白色的棉花糖。它们有多种规格。建造一间小屋，你可能不只需要一包糖。
- 在一个大杯子里放一些水，准备一些雪糕棍。
- 给孩子们展示一张爱斯基摩人小屋的真实照片。讨论冰块的形状和圆屋顶的建造。
- 鼓励孩子们在碰棉花糖之

教学小贴士

在一个翻过来的穹形模具上制作圆屋顶比较容易。这样，可以在模具的支撑下，把棉花糖粘成的屋顶放干之后再拿下来。

前先洗手（如果他们想在后面吃的话）。

- 向孩子们展示，如何用雪糕棍蘸水湿润棉花糖的边缘。当棉花糖湿润的时候，它们会变得有黏性，可以粘在一起。
- 提醒一句——水太多会导致棉花糖粘不牢，滑落下来。宁缺毋滥！
- 让孩子们玩棉花糖，尝试建造墙壁和屋顶。

创意 44

麦片城堡

孩子们喜欢用早餐麦片制造建筑物。因为麦片的形状种类非常丰富，所以孩子们可以大胆发挥想象设计，然后用胶水把它们固定下来。

使用一些备选的不同形状的麦片，孩子们可以分组工作，设计一座复杂的建筑物，比如一座城堡。有很多不同形状、大小的麦片，团队协作可以鼓励孩子们讨论形状、大小，并验证自己的选择。

根据制作主题，你可以选择多种类型的麦片。例如，如果你们要造车，就应该有足够的圆形麦片，用来做车轮。

教学小贴士

可以使用多种其他食品复制这种活动。干面团显然是其中一种，还有干豆子或饼干！除了城堡以外，也可以使用面团和豆子创作乡村风景，不同形状的饼干可以用来制造超级汽车，因为有丰富多样的圆形“车轮”。

- 搜集一些麦片。包括大椭圆或长方形的饼干，还有不同颜色的环形、方形和小碎片等。
- 在地板或桌面上铺一张大卡片。
- 为孩子们准备一系列不同建筑物的图片和照片，启发灵感。
- 鼓励孩子们相互合作搭建

城堡。告诉他们尽量使用多种形状，并把这些麦片摆在纸上。

- 在搭好城堡之后，他们可以用胶水把形状固定下来，制成永久性图片，或者给他们的作品拍照，然后麦片可以给另外一组孩子重复利用。

创意45

滑动形状

孩子们喜欢玩这个游戏。他们等着看上边会出来什么形状，然后一起喊出那个形状的名字。

本创意是一个很好的课堂开场或结束活动。把形状的一些部分藏起来，然后慢慢地揭开，让孩子们回忆熟悉形状的特点，运用他们的知识辨认出它们的名字。

- 当孩子们自己玩的时候，本创意非常受欢迎。当你向全班介绍完之后，可以让孩子们独立来玩，因为这样可以拓展他们的词汇量和数学语言。
- 让孩子们坐在一个画板或黑板前。
- 你自己坐在板子旁边，这样你就可以够到其背面，同时也能看到前边的孩子们。
- 不要让孩子们看到，选一个大号的2D形状，把它藏在板子后面。
- 慢慢滑动并向上提起这个形状，让它的边缘逐渐

锦囊妙计

使用大号的木质字母或数字，本创意也可以很好地用于写字课或识数课。介绍几个字母给孩子们——可以是与你本周拼读项目有关的几个。在滑动字母让他们辨认之前，先在黑板上示范正确的字母写法。

从板子上方露出来，让孩子们看得见。

- 在揭示整个形状之前，停下来让孩子们猜这是什么形状——它有没有尖？它是弯曲的吗？
- 这时候，他们可以从答题卡上划掉不可能的形状，或者在一块小白板上画出可能的形状。
- 正确辨认出这个形状的孩子，可以走到板子后面，选择下一个滑动形状。

进阶练习

把形状放进一个可以扎口的袋子里。让孩子们伸一只手进去，用数学语言描述他们摸到的形状，例如“它有一些角”“我能感受到一条曲线”。

创意46

我的手里是什么

这是一个很棒的介绍新主题的开放性活动。它适用于很多学科领域，并且可以在不同课程之间过渡使用。我发现，在不同学科再次玩这个游戏的时候，孩子们很快乐，能够非常快速地掌握要点。

找一个与新主题有关的人工制品，让孩子们拿着摸索。通过观察、提问、回答问题，你可以让一个蒙着眼的孩子猜猜他们手里拿着什么东西。

这个游戏的成功与否，可能完全取决于蒙眼拿物品的孩子的性格和能力，所以要慎重选择！

教学小贴士

可选的人工制品可以包括：故事或诗歌里的木偶、某个特定人物穿的服装、一些卡片（鼓励孩子们使用多于或少于来提问数字）、一件科学仪器、某些自然材料、有关主题的图片。

- 选一个孩子戴上眼罩，坐在前边。
- 确保戴眼罩的孩子能够提问问题，并能理解他人的回答。
- 告诉他/她，当戴上眼罩的时候，其他同学将看到一件人工制品，并通过问答帮他/她认出这件物品。

- 让蒙着眼睛的孩子猜这件物品。提醒其他孩子不要说出答案，免得搅坏了这场游戏。
- 示范一次提问，帮助孩子们理解这场游戏，例如，“它是你身上穿的东西吗？”
- 鼓励孩子们多提问题，选择不同的孩子回答问题。
- 当物品被正确辨认出来以后，摘下眼罩。

进阶练习

在上课开始时，使用本创意作为开场活动。拿出一件物品，让全班都看得见。让他们想一些关于这件物品的问题，或者陈述有关它的事实。把这些问题和陈述写在白板上恰当的地方，或者让其他助教做记录，进行分组讨论。

创意 47

晾衣绳挂画

孩子们喜欢亲手在晾衣绳上挂东西。压膜图片不易折弯、破损，而且持久性好。他们都想亲手“试一试”。

在开始学习某个主题之前，给孩子们发一些大的、压膜彩色图片，让他们对这一主题进行研究和探索。这种开放性的任务，意味着所有孩子都能适时进行参与。

尽管这里将本创意列为幼教活动，它也可以用于稍大一点的孩子，比如两三岁的孩子。

- 收集与新主题有关的大照片或图片。
- 给它们压膜，这样它们就更加结实、耐用。
- 挂一根晾衣绳，并在上边夹几个夹子，高度要适合孩子们参加活动。
- 告诉孩子们，他们会看到那些图片和照片，并按照自己的意愿进行分类。讨

锦囊妙计

使用实际物品在晾衣绳上进行分类。在学习历史文物或其他文化时，这种方法很适合。如果它们不适合挂在晾衣绳上，可以把一根跳绳拉直放在地板上作为一根“躺下来的”绳子，或者使用一些大圆圈来把物品进行分组。

论各种“分类”的意义——按照类似的颜色、大小、黑白图片、动物图片、人物图片等进行分类。

- 在孩子们归类分组的时候，观察他们。他们排序的过程、争辩时候使用的语言，将有助于你对他们的学习进行评估。

- 当孩子们分类完照片之后，把它们放在一起看，鼓励他们发言，解释他们选择的分类方法，并向别人进行阐述。

创意 48

我是哪一只

孩子们之前不知道，世界上竟然有这么多种手套！和朋友们试了试所有的手套，然后它们判断哪些是一双。

这个活动类似于“晾衣绳挂画”，不过在这里，孩子们能够接触并试穿一些熟悉的物品，这样更能鼓励年纪小的孩子。

- 收集很多不同类型的物品，例如鞋子、手套或帽子。找一堆这样的东西，让孩子们仔细观察其中的相同点和不同点，使用描述性语言评述每件物品，然后将其分组。
- 收集一堆物品，例如手套。包括尽可能多的种类，比如羊毛手套、婴儿手套、滑雪手套、烤箱手套、园艺手套、橡胶洗涤手套、电焊防护手套、乳胶医用手套、板球手套、摩托车手套等。
- 把它们放在一个篮子里，让孩子们观察。鼓励他们戴上各个手套试一试。
- 看他们试手套的时候，示范怎样描述手套的大小、材质、触感等。
- 给孩子们一些圆圈，用来分类。询问他们怎样选择分类标准，鼓励他们说出并验证自己的选择。

进阶练习

找一些人在不同年龄段的照片，或者穿着不同职业服装的照片。鼓励孩子们将每张照片和相应的物品配套，例如，婴儿照片和婴儿手套为一组；滑雪运动员照片和滑雪手套为一组。是否存在有歧义的分组，例如园丁手套和两个不同年龄的男人、女人为一组？使用这些这样的问题，挑战孩子们之前的观点和思维定式。

创意 49

一切尽在细节中

从一张简单的画作中能搜集到很多信息，仅看一眼是不够的！本创意让成年人选择孩子们需要专心留意的方面，训练他们的观察力。

让孩子们先看画作或艺术品的一个局部，然后再看整体，可以鼓励他们专心观察画作或艺术品中的某些细节。

- 选择一张画作让孩子们研究。它可能是与主题相关的一幅画，或者是一位艺术家作品的一个局部。
- 遮住画作，只让孩子们看到一小部分。可以在一个比画作大的卡片上剪一个洞，然后把它放在画前面，或者在一个交互式屏幕上使用“聚光”工具。这让师生能够停留在画作的某一局部，然后不断扩大，露出更多的部分。
- 向孩子们展示画作的一小部分。和他们一起讨论看到了什么内容，画作使用

锦囊妙计

举办一次摄影展。让孩子们在使用卡片取景器时，发现自己喜欢的图像，再用拍照设备拍摄周围的细节。把这些照片放大印在纸上，这样就不容易一下子辨认出来。你可以在展览中提供一张实物照片与一张放大照片，让孩子和观众们进行配合。

了什么颜色，他们对画作的看法如何，对画作的其余部分有何猜测。

- 慢慢揭开画作的其余部分，让孩子们看到全图。如果你想让孩子们真正专注于他们看到的局部，并以此给他们的艺术创作打基础，可以不必在一堂课里揭开整幅图。

- 尝试使用一幅与孩子们有关的主题的画。像是大地、海岸、大海和船、家庭成员、动物等图画与大部分孩子的生活更有关联。

- 为了制造更大的惊喜，可以选择一幅卷起来的画。例如，最初只能看到海上小船的一个舷窗，孩子们可能认为这是一幅海滨风景图。只有在看到更多画面之后，他们才会发现，那条船只是一个房间窗外风景的一小部分。

- 从画中选择一个物品，用它贯穿整个课程。特别是可以与地理、历史、设计、音乐和科学相联系。用有韧性的材料或积木制作这件物品的模型，并在课上进行展示。

教学小贴士

“带走一幅画”项目是英国国家美术馆发起的一项全英小学生活动。每年，该美术馆从其藏品中选择一幅作品，用来启发小学课堂的跨学科创意。在课堂中使用这幅画，既可以激发学生的艺术灵感，还可以提升其想象力和创造力。这幅画也可以被延伸用到其他课程领域。英国国家美术馆教育部门还会在馆内和官方网站上展出当年“带走一幅画”项目的学生作品。网站上还有历年选用过的画作及大量辅助教学的资源。

进阶练习

为孩子们制作明信片大小的取景器（在一张卡片上剪个洞），让他们在周围环境里寻找有趣的东西，专心致志于他们喜欢的细节。它可能是门铰链的螺丝、地板的接头、篱笆的线条或者玩具汽车的轮子。为孩子们提供写字板和铅笔，记录看到的东西。给他们演示，怎样把取景器放在写字板上，沿着它的边缘和洞画线。告诉他们，怎样把他们喜欢的景色画在这个区域里。

创意 50

聆听，画画

孩子们能听到海鸥的声音，这音乐听起来像是在集市上。他们会画一艘船，还有一些气球，因为听起来像是一场宴会。

孩子们会受到他们所有感觉的影响，而且很难单独隔离出其中的某一种，特别是听觉。本创意在他们聆听背景音乐时，消除他们的视觉影响，并让他们凭自己的想象力画画。

选择一部没有对白、只有伴奏音乐的电影、动画片或电视节目。

- 安排给孩子们播放这个节目，不过要把屏幕盖住或藏起来，只让他们听，但是看不到任何图像。
- 告诉孩子们，他们要聆听音乐，然后画出反映他们所听到内容的画、形状或图案。
- 伴奏中可能也会有一些声音（海鸥的叫声、关门声、脚步声等），这些可以给孩子们提供有关主题或地点的线索。
- 给孩子们一大张纸画画。
- 如果有孩子不愿意画画，可以让他们与一个伙伴共同在一张A3大纸上创作。

- 最后分享孩子们的想法和画作。

如果你愿意，可以在最后讨论他们听到的声音是什么时，把影像播放给孩子们看——有些孩子会想知道自己想的是否“正确”。

进阶练习

把音乐文件发给家长让孩子们回家研究，同时给他们一些图片启发灵感。例如，一些有关天气或者动物风景的照片。

创意 51

吃“字母表”

孩子们很容易受到食品的激励。我给他们提供一些点心，让他们按字母顺序将其排序之后再吃，这时他们爆发出了惊人的专注力和参与度！

给图片和物品排序是一件很枯燥的事情。通过使用完成任务后能吃的点心的激励法，你可以给孩子们展示怎样在盘子里排列字母表，怎样标记每个字母，最后只要他们按要求做到就可以把点心吃掉！

纸盘子是一种非常好玩儿的工具，可以让孩子们即兴书写。它们不像白纸那样吓人，而且既能当盘子用，又能当记事本用。

教学小贴士

一定要事先核查孩子们的过敏情况和风俗文化，不要给孩子们提供他们不能吃的食品。

- 给每个孩子一个纸盘子、一支铅笔。
- 在桌子上放几盘食品，尽量选择名称容易发音清晰的食品。
- 确保各种食品都能用手拿来吃。
- 合适的食品例子包括：苹果块、香蕉片、饼干、面包、胡萝卜条、奶酪、薄脆饼干、坚果、煎蛋、小巧克力豆、煎饼、水果等。

- 孩子们可以选择一个字母，专找以这个字母开头的食品放在自己盘子里，也可以选择几种不同字母开头的食品。
- 在孩子们选择、食用食品的时候，给他们提供字母表作为参考。
- 确保孩子们能说出每种食品的名字，并帮助他们把食品名称的开头字母写在他们的纸盘子上。
- 让他们把自己摆的食品字母表吃掉！

进阶练习

玩“点心时间宾果”。给每个孩子发四五个大小适宜的不同食品。从一个口袋里抽出一个字母，让孩子们吃掉他们盘子里以这个字母开头的食品。最快吃完自己盘子里食品的人为胜利者！

创意 52

服务员，服务员

孩子们喜欢在点心时间当服务员。这是一个成就感十足的工作，他们必须穿戴特殊的帽子和围裙。我敢向扮演服务员的孩子保证，每个人都会说谢谢，不然我就不让他们吃点心。

所有孩子都喜欢这个职责。本创意让每个孩子与一个合作伙伴在点心时间，一起分发食品和饮料，要强调团队协作和礼貌。

增加一套服装可以改进很多活动。在后背或胸前别一个标志就足够表明一个角色了。把皱纹纸扎起来，很容易做成厨师帽。

- 准备两件围裙、两顶帽子给“服务员”穿。
- 给孩子们展示一些穿制服的服务员照片。讨论这些特殊服装的意义——安全考虑（防滑、防烫），防止污渍。
- 告诉孩子们，在点心时间，他们将作为服务员为大家服务。
- 制作一份值班表，这样孩子们就知道他们每个人都有当服务员的机会。
- 帮助服务员把一份点心和饮料放进托盘，然后他们就可以把它端给其他孩子。

- 如果有多种食品可选的话，强调礼貌用语——服务员说，“你想来点儿什么呢？”“你想喝水还是饮料呢？”然后客人也用清晰的语言礼貌回答说，“好的，谢谢”“谢谢你”。
- 如果有必要的话，服务员还可以参与清理卫生。

进阶练习

让孩子们参与制作一份点心时间的菜单。其中可以包括一些零食，比如薄脆饼干、奶酪，以及一些更为传统的食品，比如水果和面包。在每天开始上课的时候，展示菜单，并突出显示当天的点心。

创意 53

安全帽助手

在我所在的幼儿园，唯一的男性员工就是看门人。为了激励我们班上的男孩们，我把他请来，让他交给孩子们一个问题去解决——他们绝对喜欢！

本创意意味着，老师能够与看门人一起构建一个实际场景，孩子们可以参与其中，使用类似衡量、记录和收集数据等技能。通过提供引人注目的马甲和安全帽，这些孩子会认真对待这个角色。

和你在的幼儿园的看门人、管理员或清洁工交流，告诉他们你的意图。他们或许有需要实际解决的问题，可能需要一点创造性思维才能想出解决方法。

教学小贴士

拓展这个创意，让其他人加入进来，比如厨师、文化管理员或园丁。孩子们可以帮他们解决很多“问题”，而这些问题很容易和孩子们正在学习的主题相联系，或者与数学中的度量衡相联系。

- 选择一个看门人求助的“问题”与孩子们一起解决。可能是简单地移动门前的地垫，或者更加复杂一些，比如更换门上的所有铰链。

- 提供一个装安全帽的盒子、一件引人注目的马甲、一块写字板、一支铅笔和几张纸。
- 邀请看门人进来告诉大家，他要做什么事，需要大家哪些帮助。
- 让孩子们独立工作，“解决”问题。
- 把写字板的位置指给孩子们，并要求他们在行动过程中记录下自己的做法，这样就可以在周末到来前把解决方法反馈给看门人。
- 把这些快速写下的样本保存下来，作为他们记录文件的范例。

创意 54

交通灯

有时候老师讲了一些东西，孩子并没有真正理解老师的意思，但是他们不敢举手告诉老师。

对学习的评估是所有卓越教学的关键部分。使用一张彩色卡片，让每个孩子展示出他们的理解程度，你可以快速看到有多少孩子需要额外讲解，谁有信心独立做作业。

卓越教学中的一个关键智慧，就是懂得何时应该巩固一项新技能，何时可以继续学习新内容。本创意使你能够快速评估选择哪个方向，以及哪些孩子需要更多的帮助。

- 把一红一绿两张彩色卡片背靠背粘在一起。每一面都代表一个“交通灯”。为每个孩子制作一个这样的“交通灯”。

教学小贴士

如果孩子们太小，无法使用交通灯卡片来表达他们的理解程度，可以简单地让他们向上或向下竖起大拇指给你看。如果他们明白了一部分，也可以把大拇指侧过来。你或许会发现，孩子们会即兴发挥，添加他们自己的动作，例如，当他们真正理解的时候，可能把两只大拇指高高举过头顶。

- 告诉孩子们，在上课过程中，你会定时询问他们是否理解了刚才所讲的内容，他们应该使用“交通灯”告诉你自己的情况。
- 把这种卡片和交通灯联系起来——红色代表停止（或者不懂），绿色代表通行（或者懂了）。
- 通过用简单的问题重复练习几次，确保每个孩子都知道怎样使用这些卡片。
- 在教学的时候，让孩子们亮出他们的卡片，来了解他们的理解程度。

创意55

给我看，给我看

我经常使用这个创意快速调动孩子们的思维和语言。孩子们使用他们的手指，他们能一下子都参与到活动中来，让他们活动手指，唤醒大脑活力。

让孩子们坐在地毯上使用写字板和笔写字回答问题，或许有点困难。用手指可以让他们准确计算答案，并让成年人看到，他们搞懂了这个问题。

作为一种良好的唤醒大脑的思维启发活动，所有孩子还会感受到这种活动的动觉特性。

- 让孩子们举起手来，晃动手指。然后，让他们拍几次手，把双手交叉握在一起——把所有的手指都弯下来。
- 当你每喊出一个数字时，就让孩子们伸出对应数量的手指。
- 鼓励他们快速做出反应——不断加快速度说不同的数字，让他们集中精力，提高速度。
- 演示给他们一些快速定位某些数字的简单方法，这样他们就不必每次都从“1”开始数。例如，一只手的指头全部伸出来就是5；两只手只留一根指头，其他全伸出来，就是9。

- 当他们能够熟练地做出这些动作时，让他们换一种方式来表示“5”，比如一只手伸出3根指头，另一只手伸出2根指头。这可以鼓励他们探索每个数字的特点，以及各个数字之间的联系。
- 讨论每个孩子展示数字的不同方式。
- 把所有指头都放下来，然后开始另一种“给我看”活动，比如2到10的偶数，或者与10有关的数字。

进阶练习

给每个孩子一个数字轮盘，这样他们就能从中找出正确的数字作为答案。制作你们自己的扇子（把各张卡片叠在一起，在一个角上打洞，然后用线把它们连起来，构成一个环），你可以给孩子们一些特定的数字集合，比如奇数或偶数，或者使用乘法表来辅助当前教学主题。

创意56
举起手来

英国教育标准办公室评价一堂课的速度是很快的，他们常常在上课5分钟之后就打出了分数。我们发现，在我们学校，给每个孩子一块写字板记录他们的想法，能够在上课一开始就让孩子们沉浸在激烈的提问回答环节中，把这堂课的评级从“优秀”提升为“卓越”。

在课堂暖场或活动结束时，给每个孩子写字板和笔，他们就能人人参与回答老师提出的问题。如果一个班里只有1个孩子回答问题，其他29个孩子都傻乎乎地坐着，那就太糟糕了。

小块写字板是教室里的高效工具。如果购买写字板的费用太高，也可以把一些相纸叠起来，花费不多，但同样好用，还能在必要的时候换新。把抹布剪成小块，就是很好的板擦。

- 确保在开始学习的时候，每个孩子都有一块写字板。本创意可以在开始上课时使用，也可以在上课中间、结束的时候使用。
- 告诉孩子们，他们需要把自己的答案或想法写在写字板上，然后等老师说：“现在，请把答案亮给我看！”
- 老师可以浏览孩子们举起的写字板，从中寻找正确答案，并立即对他们的学习进行评估。

- 如果有必要的话，可以让孩子们分组学习，或者在其他成年人的帮助下学习。
- 为有更多需求或有读写困难倾向的孩子们提供写字板和彩笔。

教学小贴士

这是一个出色的学习评估例子。为了提高所有孩子的课堂参与度，特别是那些自信心不足、能力一般的孩子，可以让他们与更有自信的孩子“结对”（参见创意64“问答伙伴”）。还可以让那些能力较弱或有特殊需求的孩子使用书写板记录他们的答案。也可以让成年人与他们结对进行辅助，确保他们的理解和参与程度。

创意 57

饥饿的玩偶

孩子们喜欢各种玩偶。玩偶总是很饥饿，当它吃掉老师手里的所有方块时，总能令人发笑。这真的很有趣。

有些孩子难以理解减法。让一个饥饿的玩偶“吃掉”小方块，可以把抽象的概念形象化，还可以让孩子们数一数玩偶嘴里的小方块，检验他们的计算结果。

- 买一个有大嘴巴的玩偶。尽量挑选最受孩子们喜欢的款式，寓教于乐。
- 告诉孩子们，玩偶是来帮助他们学数学的。向他们解释，玩偶的数学很糟糕，而且非常饥饿。
- 找一些数学启蒙早期教具，例如Unifix品牌的锻炼孩子数数技能的积木小块，孩子们可以像玩呼啦圈一样，把它们套在手指头上保持平衡。
- 让一个孩子来到前面，举

教学小贴士

如果孩子们有自己的数数串珠，可以让他们自己写出答案，然后把串珠举起来分享答案。还可以这样拓展本创意，让孩子们把各自的答案和数字写在写字板上分享。

起一只手来，把手掌和手指张开，做出“5”的样子。在他的每个手指上套一个积木小块，数一数小方块的数量，并在黑板上写一个“5”。

- 在你侧过身在黑板上写字（或被其他事情转移注意力）的时候，让玩偶从孩子手里“吃掉”一个小方块。
- 做出惊讶的表情——说你本以为他们手上有5个小方块，而不是4个！在黑板上写一个“4”。
- 询问孩子们，他们觉得玩偶吃掉了多少个小方块——看着那根“空空如也”的小手指，在黑板上写一个“1”。
- 打开玩偶的嘴，检查最终答案，并取出小方块。换一种数字组合玩这个游戏，探索“10”以下的数字及其相互关系。

创意 58

聪明的奶牛

如果我想让孩子们认真听讲，我常常会使用一个木偶道具。我有一个奶牛木偶，我们叫它“聪明的奶牛”——不过讽刺的是，它一点也不聪明，总是算错数——不过孩子们喜欢它，总是对它大声欢笑。

木偶可以吸引所有孩子的注意力。如果使用得当，木偶可以快速成为孩子群的一分子，并可以在所有课程中起到辅助作用。这个木偶不一定非要是奶牛，它可以是任何动物。

如果你喜欢使用木偶，可以收集一些木偶辅助不同活动和课程。根据学习主题或孩子们的兴趣改变选用的木偶。

- 把木偶的名字介绍给孩子们。
- 把木偶拿到耳边，假装它在对你小声说话，并进行回答，例如：“你当然可以帮忙！我知道你擅长数数/阅读/拼写。”
- 提问木偶一个问题。用一种搞笑的声音模仿木偶回答，说出一个错误的答案。
- 在孩子们哄堂大笑的时候提问，“哦，它说的不对吗？那正确答案是什么？”

教学小贴士

扮演木偶的声音很关键，要多让木偶对你“说话”。让木偶的脸背对孩子们，假装是一场秘密对话，在转过来提问孩子们之前，大量使用类似这样的话，“我知道！哦，我不这么想。你认为他们（孩子们）知道吗？好，我问问他们。你确定？哦，不论如何，我都要问问他们。”然后孩子们就会乖乖地听你讲话！

- 继续以这种方式与木偶对话，鼓励孩子们向木偶提问，并让其他孩子检查木偶的回答是否正确。

创意59

看钟表

学习看时间是一个非常复杂的事情，孩子们需要花很长时间才能学会这项技能。在基础阶段，我在每个房间都放一只钟表，在户外活动时也放一只钟表，不仅让教职工看时间，而且还在孩子们玩耍的时候让他们看时间。

这看起来很简单，但是很多时候，越简单越好。如果孩子们习惯了看传统的刻度表盘，他们就会渐渐明白怎样衡量时间、怎样读表，并在游戏中使用这项技能。

确保教室里有一只数字清晰、指针粗大的钟表。注意把它的位置放低一点，这样才方便孩子们看表。

- 在孩子们的高度环顾四周——他们能看到什么？他们确实能看到钟表吗？
- 在教室里的不同位置放置同样的钟表，这样孩子们就会习惯它。
- 在上课和探索过程中，每当谈到当前时间、下一项活动的时间、放学时间时，就让孩子们一起看表。
- 让孩子们安静地坐1分钟，观看表针的转动。

- 把钟表和沙漏、手表、秒表等放在一起，让孩子们探索，并在游戏中使用。

进阶练习

制作一些可以写字的表盘，摆放在教室里。在表盘上把打扫卫生时间、游戏时间或午餐时间标出来。鼓励孩子们拿这些表盘与实际钟表的时间进行对比，感受时间的流逝。

创意60

相信我，告诉我

孩子们喜欢玩这个游戏。最好是在礼堂进行这个游戏，那里空间宽敞，当他们集体玩的时候，每个人都很兴奋，因为他们都想成功！

让孩子们结对玩，一个人把眼睛蒙上，另一个人扮演向导，孩子们必须真正用心思考，精确地使用方向语言，引导他们的伙伴穿越障碍区。

在空地上放一把椅子就可以作为障碍区——不许从椅子底下爬过去，也不许攀爬翻越椅子。

- 把孩子们带到更大的空间——比如体育场、大礼堂，或者到户外，最好是找一片草地。
- 为孩子们设置1个障碍区。你可以根据情况决定其简单或是复杂。
- 刚开始时，取3把椅子错开摆放。
- 告诉孩子们，他们必须绕开椅子走，同时只能走直线、拐直角弯，所以他们的指导必须非常明确。
- 当他们绕过最后1把椅子，或者到达障碍区终点时，可以允许他们摘下眼罩，回到队伍里。
- 向他们说明“前边”和“旁边”的概念，必要的话，还要说明

“左”和“右”的概念。

- 给他们展示，怎样指导他人穿越障碍区，解释你所做出的决定，以及为什么选择这样的方向。

进阶练习

把孩子们分为几支队伍。让各支队伍在障碍区起点处排好队。每支队伍应该有自己的前进路线。把队伍第1个人的眼睛蒙上，第2个人给他做向导，前一个人穿过障碍区之后，返回队尾，后一个人把眼睛蒙上，第3个人开始做向导。这样传递角色，直至所有孩子都蒙眼穿过一次障碍区。这种方式可以作为一种团队计时竞赛。

创意 61

我能看懂那个

当孩子们分享阅读和写作的时候，他们能看懂一些来自商店的商品。他们喜欢看到老师今天带来的物品。

对于幼儿或识字水平较低的儿童来说，辅导阅读可能是一件困难的事情。使用生活环境中的印刷品，可以让所有孩子去成功“阅读”——没有哪个孩子不认识“M”或者“McDonald's（麦当劳）”！

在教室里布置一面展示墙，可以让本创意更加持久。在餐厅或礼堂等地方使用本创意，效果同样很好。

教学小贴士

使用日常生活环境中各个领域的标签和印刷品。包括舞台、建筑物、室外、餐厅里的包装、海报、卡片、地图等。记得把这些文字放低点些，好让孩子们方便阅读。

- 收集一些生活环境中的印刷品。要与孩子们的生活环境相关——如果家长们常去附近一家超市购物，收集另一家超市的包装袋就意义不大。
- 收集空薯条袋、糖纸、饼干包装、快餐盒等。当然，在收集这些东西的时候，最好向孩子们普及与垃圾分类、食品健康、卫生习惯等相关的问题！不要因为收集这些包装把教室或者家里搞得乱糟糟的。

- 和孩子们坐在一起。告诉他们你今天去购物了，让他们读出你所购买商品的商标。
- 分发你购物袋里的东西，和孩子们一起读上面的文字。看看他们认识哪些文字。
- 如果他们能够读出这些商标，拓展这项活动，基于生活环境中的文字，练习在写字板上书写拼音字母。

进阶练习

拓展本创意，让孩子们根据拼音首字母，把袋子、标签、包装进行分组或分类。并对他们的成果进行展览。

创意 62

噪声控制器

我发现，和小孩子在一起的一个大麻烦就是噪声。孩子们总是很大声地说话，以至于我以为他们忘记了什么是真正的“室内音量”。

幼儿很难意识到他们自己有多吵，也难以理解当他们和伙伴在一起玩的时候累计的噪声有多大。使用这样一个直观的提示，可以帮助他们调节自己说话的音量。

- 在黑板上画一条水平线。在一头写上“0”，在另一头写上“10”。
- 告诉孩子们，这是一个“噪声控制器”，今天就要试一试。
- 指向“0”，同时让孩子们安静地坐着。告诉他们，这是完全没有噪声的程度，叫作“静默”。
- 然后指向“1”，让孩子们非常轻声地彼此耳语。
- 向他们解释，“10”是最吵闹的情况，当他们在室外操场大声喊叫的时候才能达到这个程度——如果你珍惜自己的耳朵，就不要让他们演示这种情况了。
- 告诉孩子们，你不想让任何时候的噪声超过“4”或者“5”的程度。在水平线上写出这些数字，让他们能够看到当前的噪声程度。

- 在上课时，如果他们开始吵闹，就让他们看黑板上这条水平线，询问他们自己觉得达到什么噪声水平了，并提醒他们保持在“4”以下。

进阶练习

结合交通灯的创意（创意54），告诉孩子们你在不同场合所期望的音量。剪3个彩色圆形卡片——红、黄、绿。用这3张彩色卡片描述你所要求的噪声水平——红色表示“安静”，黄色表示“可以和同伴轻声说话”，绿色表示“全班讨论”。在每次活动开始的时候，出示其中1张卡片，提醒孩子们在活动过程中保持相应的噪声水平。

创意 63

数声音

这个创意可以让孩子们非常专心、认真地聆听。它比数看得见的实物难得多，也确实难为他们。

数实物比数声音容易得多，因为有看得见的物体，孩子们可以边看边检验自己的答案。使用实物，可以让他们在数声音之后检验自己的答案。

本创意是幼儿园跨学科教学的一个很好的示例，比如把拼读和数数联系起来。第一阶段拼读项目需要孩子们仔细聆听，辨别声音。

- 收集一些硬物，把它们扔进水桶之类的坚硬容器时，会发出声音。
- 把水桶放高一点，这样孩子们就看不到里面的东西。
- 让孩子们闭上眼睛。
- 每次扔一个实物（例如弹球）到水桶里，鼓励孩子们在每次听到声音时，大声数出数字。
- 扔完实物之后，找一个孩子到前边来，数一数桶里的实物的个数——看他们数得对不对。
- 以更快的速度扔实物，或者让孩子们在脑子里默数。

进阶练习

如果孩子们擅长数数，可以倒过来玩这个游戏——告诉他们桶里有10个小球，然后掏出来一些扔到另外一个容器里。然后问孩子们，现在每个容器里分别有多少个小球。这需要孩子们熟悉“10”以下的数字，还可以帮助他们理解加减法之间的关系。

创意 64

问答伙伴

孩子们喜欢和朋友交流，因为朋友会帮助他们厘清思路，然后在老师提问到他们自己的时候，他们还可以让朋友帮自己回答。

搭配问答伙伴，是让小组内所有孩子彼此交流分享他们想法的好办法。这能够提高孩子们在活动中的参与度，从而减少低水平的扰乱行为，因为孩子们都在忙着参加活动。

吸纳所有孩子参与一堂课的开场活动，是把一堂课从优秀提升至卓越的好办法。让孩子们与问答伙伴合作，要求所有孩子们的参与。如果孩子们有能力的话，你还可以考虑使用写字板，让一个孩子实时记录问答伙伴的想法。

- 在地毯上教学时，不要只让一个孩子面对你说话，比如讲述他/她的假期生活，而是让所有

教学小贴士

认真为孩子们挑选问答伙伴。可以把有类似或不同能力、信心水平的孩子搭配在一起，确保这些孩子们都能相互学习。有些孩子非常聪明，但是缺乏面对大家说话的自信心，而有的孩子没多少想法，却能说个不停。把这些孩子搭配到一起，可以帮助他们扬长避短，共同完成任务。

孩子都转向旁边的小伙伴，相互和自己的问答伙伴交流。

- 问答伙伴可以是任何相邻而坐的两个孩子，或许每天都会变，或者也可以由老师指定固定的问答伙伴。
- 如果你想了解那些羞于发言的孩子们的想法，你可以向全班学生提问，“谁能告诉我你的问答伙伴说了些什么？把他们描述这首音乐的话告诉我一句。”这样，那些羞于发言的孩子不必公开发言，就能让大家分享他们的想法。
- 如果你班里的孩子数量是奇数，在搭配问答伙伴时，你只需要让某些孩子三人结为一组。

创意 65

家长眼中的明星

家长们知道孩子在家非常擅长做的一些事情，但是他们不觉得学校真正了解这些情况。孩子太小了，还不能把自己的闪光点告诉老师，如果家长本人去学校讲，又像是在炫耀。家长希望能有一条更好的途径。

父母对孩子成长情况的介绍至关重要。设法收集来自父母或监护人的信息，你将能感受到他们的孩子在学校之外的成就。

- 用彩色A4纸剪出一些星星图样。
- 把这些星星送给孩子们的父母或监护人，告诉他们，可以把孩子的优点或特长写在上面。
- 他们或许会选择学习成绩好、热爱运动、为人友善、擅长背诗或者其他非同寻常的事情。
- 让孩子们把这些星星带回来，在全班进行分享，然后做成

教学小贴士

如果你发现，你从某一个家庭收到了很多星星，从另一个家庭却一个都没收到，那么你就可以改变发放星星的方式。规定只给某一部分学生发，或者你如果想挖掘学生的某些特长时，可以限定这些星星只能用来写体育、音乐或者其他课外活动特长。

一个展板，让每一个人都能看到。

- 在班级门口挂一个信封，里面装满这样的空白星星，家长或监护人想要的话，可以拿一些回家填写。

创意 66

拼图专家

我发现这是一种很好的组织方式，每个孩子都可以承担一个角色，哪怕是最腼腆的孩子也不例外。因为他们在小组中，很清楚自己应该做什么，所以他们总能完成任务。

在一个拼图小组中，每个成员都有一个角色，就像拼图一样契合成为一个整体团队。这些角色可能包括“抄写员”“发言人”“观察员”等，每个角色都可以根据小组内孩子们的发展需求和个人能力特点进行设置。

- 为孩子们制定一项任务去完成。它可以是一些实践性活动，比如在积木区为一个绒毛玩具建造一个家，也可以到室外观察自然环境，寻找不同种类的树叶或种子。
- 告诉孩子们，三四个人结成一组，小组里每个人都有一个专门角色，不过要经常提醒他们，团队合作很重要。
- 向孩子们描述这些角色。例如，如果你布置的任务是收集自然材料，或许需要一个孩子决定到哪里找这些材料，一个孩子做记录，把他们找到的不同树叶画下来，还有一个孩子把他们小组的成果汇报给全班。
- 在任务开始之前，让孩子们与其他小组里扮演相同角色的成员开会，相互交流想法。比如，所有决定到哪里找东西的孩子们聚到一起，讨论计划和想法，同时让所有负责记录和负责汇报的孩子们分别到一起进行讨论。然后，让孩子们返回原来的小组，开始执行任务。

进阶练习

可以改编本创意，使之适用于大部分主题，让各个小组研究一些不同的东西，还可以更加节省时间。例如，让全班看一系列来自同一历史或文化主题的不同物品，然后让他们汇报各自的发现。

创意 67

记住，记住

每天早上我一打开门，就会有很多家长进来和我说话。他们告诉我孩子们要和另一个同学一起回家，或者想要一份我们幼儿园的简报，但我常常忘记。

上课前，记住家长或监护人的每一句话可能很困难，但是为了孩子们，记住这些信息显然也是有必要的。你可以把这些信息快速记录下来，回到教室以后再把他们抄到更合适的地方。

- 到门口欢迎学生家长的时候，随身携带一个小笔记本和一支笔。
- 每天使用不同的一页，或者两页纸。
- 在每页的顶端注明当天的日期。
- 当家长或监护人向你传达信息的时候，快速把它们记录

教学小贴士

把小笔记本挂在一根绳子上，并且挂在靠近门口的地方。不要试图仅用即时贴或单页纸记录这些琐碎的信息——它们太容易丢了。你在日后或许还需要回顾这些笔记本，例如看看某位家长之前是否曾经接走过其他孩子。

下来。

- 当你返回教室的时候，把这些信息转抄到更合适的地方，比如书写板、点名册或者课程表上。

- 把这个小笔记本放在方便的位置，当你收到其他信息的时候，可以随时取用。

创意 68

医药需求

有的孩子对很多东西过敏，家长会给他们带上一支肾上腺素注射剂，如果出现严重反应的时候可以使用。在幼儿园里有很多工作人员，家长们会非常担心万一遇到这种情况，和孩子在一起的人不知道如何处理。

这是一件非常严肃的事情。在大部分幼儿园里，通常都有很多工作人员，在一天当中以及吃午饭时，陪伴孩子的工作人员经常换班。给那些有健康危险的孩子拍照，帮助工作人员将其快速准确地识别出来，所有工作人员都会知道在紧急时刻应该找谁、采取什么样的急救措施。

- 征得家长或监护人的同意，把孩子的照片张贴在合适的位置。
- 向家长或监护人解释，张贴孩子照片的目的，并说明上面会公开哪些信息。
- 在照片上写上孩子的姓名，并明确叙述其过敏原或其他医药需求。
- 用简明突出的语句指导某

教学小贴士

孩子们经常在不同教职人员的看护下，在楼里的不同地方吃午饭。要确保在这些人员工作的厨房也张贴这些提示，以方便让他们知道药品放在哪里，以及如何正确地使用它们。

种情况下的急救方法。例如，它可能包括这样的语句：我叫查理·布朗（附有照片）。我对蜂蜜和坚果过敏。如果我接触或食用了这些东西，就会出现严重的过敏反应，甚至会危及生命。如果出现这样的情况，请按以下说明操作：

（1）立即帮我注射肾上腺素注射剂，它在厨房左手边的架子上。

（2）如果发生过敏性休克，请拨打急救电话叫急救车。

（3）打电话给我妈妈，告诉她我的情况。

（4）让我静卧在安静、温暖的地方，直至医护人员或我妈妈来到。

创意69

回家时间表

放学之后，我们幼儿园的孩子会去很多不同的地方，他们可能去业余社团、晚托服务中心、校车站点等，或者去他们其他兄弟姐妹的教室，或者去参加类似芭蕾或者足球之类的课外活动。如果没有一张时间表，我就无法确定应该把他们送到什么地方去。

一张清晰的大时间表，可以给老师提供宝贵提醒，使他们知道孩子们每天放学之后都要到哪里去。这对于不熟悉这些孩子、不知道他们日常安排的代课老师来说，也很重要。

- 用A3纸制作一张空白的周表，并将其塑封。
- 在表格的左侧写上一周的七天，在表头上写下不同的目的地。可以包括：晚托服务、业余社团、保姆、校车站点、芭蕾或足球等课外活动俱乐部、祖父母家等。
- 唯一没有标出的目的地，是被父母或监护人接回家——将此当作默认选项。
- 例如，如果你收到通知，一个孩子每周四乘坐公交车回家，或者每周一和周二要被一位保姆接回家，你就可以把这个孩子的名字写在周

教学小贴士

在上课期间，你可能有很多时候会对自己说："我需要在放学的时候，和那个家长或监护人谈谈这件事。"简要扫一眼周表，你就能知道今晚他/她是否会来接孩子，还是需要等到另一天，是否需要在孩子的学校家长联系簿上写一条信息，或者是否值得打个电话。

表里的适当位置。

- 在放学的时候，走到周表前，先逐个点名，让孩子们到相应的地方排队。然后提醒孩子们，排好队等候他们的父母或监护人来接他们。

创意 70

专题帮助

在我们开始一个新专题之前，我总会制作一张海报，送给家长和监护人，让他们知道我们下一步将要做什么。这有双重效果——既能让他们了解孩子的情况，又能吸引他们对这一专题做出贡献，帮助我设计教学活动与备课。

家长和监护人是所有课程的宝贵帮手。他们常常能够带来更多与主题相关的书籍或物品，辅助你完成上课前期的准备工作，所以一定不要吝色于请求他们的帮助。

在学年伊始，家长和监护人往往要填写一张表格，其中包括他们的职业信息。这些信息可以为你提供宝贵指导，从那里可能得到意想不到的帮助。

- 整理接下来几周将要进行的活动，写在一张A4纸大小的海报上。
- 使用文字和图片，使海报通俗易懂。
- 根据生源情况，可以考虑把海报翻译成另一种语言。
- 在海报上，请求任何可能有助于开展该主题的书籍和物品。
- 邀请有该领域经验的家长和监护人，来学校向孩子们介绍他们的工作。

- 可以通过颁发证书、在活动中提及他们的名字或在学校的通讯中表彰他们。

- 在家长或社区成员提供帮助后，给予他们反馈，让他们知道他们的帮助如何影响了教学活动。

教学小贴士

如果你认为当地社区的人们可以帮助你更好地开展专题，不要不好意思给他们写信或打电话。医院、眼镜店、面包坊、小商店、赛马场、足球队、家具制造商——几乎所有本地服务机构都可以被联系到。邀请他们来学校发表演讲、为角色扮演场地提供资源，或者让孩子们去他们的工作场所参观。

创意 71

找相同

孩子们喜欢在课堂上做这个游戏。他们擅长仔细观察，然后挑选其他小伙伴站到自己的小组里。

这个游戏可以在上课开始或结束前5分钟的时候进行。它要求孩子们仔细观察，评论站在他们面前的孩子们。

本创意中的观察技巧可以转化应用到很多其他活动中，特别是科学、艺术和数学类的活动。

- 选择两个孩子站在大家面前。所选的这两个人要有其他孩子看得见的共同之处。比如他们都穿了一件相同颜色的T恤衫，戴了相同的头发绳，或者是有相似的身高。

- 让孩子们仔细观察思考，自己能够看出哪些共同之处。

- 让他们把观察结果告诉自

教学小贴士

如果你认为某个孩子能够自己选择标准，可以让他/她站在前边，把有共同之处的孩子选出来。如果你想要拓展其他孩子的理解，可以邀请他们继续把符合这个共同点的孩子们选出来。与最初负责挑选的孩子一起检查，后来其他同学挑出来的人，是否符合他/她最初挑选的共同点？

己的问答伙伴。

- 选择另一个孩子和这两个孩子一起站在前边，他/她也要符合前两者的共同点。
- 让孩子们与问答伙伴讨论——这验证了他们的答案是对还是错？

创意 72

奖励积分表

通过这种快捷方式，可以展示出你对某个孩子行为的欣赏，并在一段时间之后给予他们奖励。它不会影响其他教学活动，而且是看得见的提醒，鼓励其他孩子们养成良好行为。

当你正在忙于组织活动或教学的时候，填写一张奖励表或许并不容易。本创意设计的表格列出了所有孩子的名字，非常便于你为他们的每次良好行为加分。

当孩子们坐在固定位置的情况下，本创意最适合采用。只要一看到奖励表，孩子们就会想要得到更多星星！

- 把孩子们的名字写在一张A3或A4纸的左侧。
- 塑封这张纸。
- 把这张纸贴在你讲课经常站立位置的墙上。

教学小贴士

本创意还适用于课桌小组。如果孩子们总是坐在固定座位上，可以在书写板的一角写上他们的名字，作为同一桌人的记录。每次坐在这里的孩子表现良好的，都可以获得一个积分。在每周结束的时候统计积分，并奖励给他们一个小贴纸或其他奖励，比如获得更多的玩游戏时间，或者玩电脑的机会。

- 在它旁边放一支白板笔，或者用线把笔系在墙上。
- 告诉孩子们，当他们行为良好，或者努力获得一些成就时，你就会用画笔在他们的姓名旁边画一颗小星星。
- 每当孩子们取得成绩或表现出良好行为的时候，增加一颗小星星。
- 星星数量可以累加，可以在一段时间（比如一周）以后，或者孩子们积攒到一定数量星星之后（比如10个），给他们相应的表扬或奖励。

创意 73

站好队

我班上有一个4岁小女孩，她总是难以遵循班里的行为规则要求。排队和坐在地板上，对她来说是非常困难的两件事。“看照片学规则”让她很容易认清了规则要求，她的行为也得到了改善。

幼儿刚到一个新环境的时候，往往会感到无所适从，不知道自己应该怎么做，这或许需要更多的详细解释。通过重新制定排队或坐着的规则，演示给他们看并进行分析，他们将能够理解老师所提的要求。

- 选大约6个孩子，让他们排成一条直线站好，模仿吃午饭或者放学时候的排队。
- 带领那些感觉排队困难的孩子来回观看队伍，并向他/她解释这些同学是怎样排队的。
- 明确以下内容：那些排队的孩子面朝什么方向？他们的脚尖朝什么方向？
- 在队伍中间挪出一个位置，好让这个孩子站进去。帮助他/她站到队伍里，确保大家面朝正确的方向，脚尖也朝向正确的方向。
- 给这支队伍照一张相。

教学小贴士

进行类似的拍照，可以进行有效展览。和孩子们交流，怎样营造和谐氛围（有条不紊、团结友爱、谦让礼貌、认真聆听、有序排队等）。在地毯上进行讨论时，使用这些照片作为话题。让这些孩子们学会用摄像机，鼓励他们拍摄每个人符合要求的行为。把这些照片洗出来，让孩子们在身体健康课上进行讨论。

- 然后，把照片洗出来，告诉这个孩子为什么这支队伍排得很好；有人在里面说话吗？他们是由前到后依次而站的吗？
- 让更多的孩子重复组成6人排队组排队，减少成年人的干预，直至这个孩子能够独立站好队。

创意 74

纽扣家庭

这个小纽扣游戏会彻底改变老师从孩子们那里搜集信息的方式，比如他们的家庭成员、居住地址，以及其他重要的家庭关系。

作为一个老师，了解孩子们的家庭成员、他们彼此的感情和相互关系是很重要的。幼儿可能难以说清他们的想法和感受，而这个小游戏可以开启一场讨论，不需要眼神交流，也不需要你来我往地频繁问答。

在开始以下创意活动之前，有必要先了解是否有孩子存在家庭问题，或者有复杂的家庭背景。

- 收集一堆纽扣放在盒子里。包括不同大小、形状和颜色的纽扣。
- 坐在孩子旁边，不进行眼神交流，可以让孩子在交流时感觉更加轻松自在。
- 把纽扣从盒子里倒出来，让孩子们仔细观察、触摸它们。
- 告诉孩子们，你想让他们选择一个最能代表自己的纽扣，

> **教学小贴士**
>
> 改编这个游戏，可以与孩子们讨论其他一些重要话题。例如，他们可以选择纽扣代表自己在学校最喜欢的食物或游戏，以及他们参加这些活动的感受。

并把它放在桌子上。这枚纽扣的大小、形状和放在桌子上的位置，可以让你发掘这个孩子对自己的看法。例如，选择一枚颜色明亮的纽扣，放在桌子中央，意味着自信心。

- 让孩子们考虑其他对自己重要的人，比如家庭成员。

- 告诉孩子们，你想让他们选择一枚纽扣代表另一个人，并把它放在桌子上。

- 这枚纽扣的颜色、大小和形状，或许反映了孩子对这个人的感情。第一个被选择的是谁也很重要。例如，在非常简单的情况下，他们或许会选择一枚闪亮动人的纽扣代表他们的主要监护人，并放在代表自己的纽扣旁边，或者选择一枚颜色暗淡的大纽扣，代表一位经常缺位的家长或监护人。他们摆放这些纽扣的位置也同样重要。

- 最后，用胶水把这些纽扣固定在一张纸上，作为交流记录，或者用数码相机拍下来，并加以注释。

如果在开学时进行这项活动，可以让老师了解学生们的家庭情况。比如，可能了解到一些离异家庭，他们或许需要两份家长信，或者错开时间来参加家长会。还可能了解到一些孩子的父母关系紧张，分居两地，孩子面临很多困难，如果把鞋子或正在读的书落在了某一个家里，可能要到下一周才能取回来。

进阶练习

如果孩子们能做到的话，可以画画并标记“谁住在我家里”的游戏。给每个孩子发一张折起来的A4纸。把它像帐篷一样撑起来，让他们在纸的外侧描绘他们家的情况，在纸的内侧描绘住在家里的人和宠物。和他们坐在一起，在他们的画上标记姓名和其他信息。要留意那些可能住在流动社区房车里的孩子们，以及那些家庭关系复杂、状况异常的孩子们。有些孩子喜欢在纸的两侧分别画一个家，因为他们在不同的时间分别和父亲或母亲住在一起。

创意 75

模拟“城堡里的国王”

和孩子们一起挖掘讨论人物角色总是很困难。使用木偶来代表角色，让他们很容易就认清了人物角色随故事发展的变化。

在这项活动中，可以选择两个木偶代表故事中的两个主角，最好是一个“好人”、一个“坏蛋”。通过在一个假山或墙上上下移动木偶，可以让孩子们逐渐探索这些角色的情感变化，或者他们在故事中的道德地位。

栩栩如生的木偶不便宜。在棒棒糖上裹一张彩纸，就能激发孩子们的想象力。

- 建造一座“城堡”——装饰一个盒子或一张桌子就可以。
- 先给孩子们讲一个熟悉的小精灵故事。当主角到达一个关键剧情的时候停下来。
- 把角色木偶或玩具放在一个恰当的位置。例如，在“三只小猪”的故事里，当大灰狼成功掀翻前两座房子的时候，大灰狼在“山顶”上，小猪在“山脚”下。不过，当大灰狼无法破坏第三座房子的时候，两个角色的位置就互换了，代表小猪取得了胜利。

- 让孩子们讨论，随着故事的发展，这些角色的位置会怎样变化。
- 使用得当的话，这种做法还可以帮助孩子们理解他们自己的行为，以及遇到他人的讨厌行为时，应该如何应对。例如，把伤害行为汇报给成年人，把无辜的孩子放在“高地”上。再比如，有同学报复伤害过他的孩子，会让双方都滑落“山脚”。

进阶练习

本创意很适合在户外使用，那里有很多地方可以放置木偶。让孩子们决定把木偶放在哪里——例如攀爬架上或者沙坑里。让他们跑来跑去找一个好地方，然后一起去找它。讨论谁选了这个地方，为什么选这个地方，它代表了哪一部分故事。

创意 76

我们去钓鱼吧

我发现，当孩子们在水里玩儿渔网的时候，他们似乎忘记了自己是在学习！我发现，大部分课程都是可以"钓"的，我喜欢这种学习效果良好的室外活动。

老师可以使用渔网辨别、分组、排序一些有类似特征的主题或物品。它们可以是简单的定义（漂浮或沉下去的），或者更加复杂的比较（按照由重到轻排序）。

根据探索主题和学习目标，可以与某个主题相联系，也可以和一个单独物品相联系。鼓励孩子们使用与该物品有关的恰当词汇。

- 找一些可以在水池里用的渔网。包括不同形状、大小的网，比如海边的石棉网、捕蝶网、筛网、滤茶网、洗衣粉网袋等。必要的话，可以砍掉过长的把手。
- 在水池里放一些适当的物品，向孩子们解释这项活动。比如按照大小写给字母分组；按照字母顺序排序；给数字排序；"钓"生活在不同环境的动物；给不同颜色、材料、质量、形状的物品归类；收集可以滚动的/可以吃的/自然的/人造的物品。

- 让他们探索研究这些物品，并展示他们的发现。
- 几乎所有主题都有很多适用于这项活动的创意。

教学小贴士

为了记录孩子们在活动中的研究成果，让他们展示自己的发现是很有用的。可以简单地把物品分为两组（例如漂浮的/沉下去的；奇数/偶数），或者按照某种顺序排一列（例如从1到10的数字；字母顺序；由重到轻；由老到新）。为了抓住这些短暂的成果，可以用数码相机进行拍摄，然后再把这些东西放回到水池里，让下一组孩子继续玩。

创意 77

大小不重要——形状才重要

心理学家让·皮亚杰研究幼儿怎样理解数量守恒。我将此任务作为大小和形状主题的一部分，但它也适用于其他数学专题，是一项很棒的户外活动。

瓶子和容器有各种大小和形状。孩子们很难理解，为什么容器的大小和形状千变万化，容量却还能保持一致。

皮亚杰的守恒理论说明，4岁到7岁的儿童最初还意识不到，改变物体的表面，不会改变它的本质属性。

在皮亚杰最著名的实验中，让一个孩子看两个完全一样的水桶，里面装有同样容量的液体。孩子们通常都会发现水桶里有相同容量的液体。当把一个水桶中的液体倒入一个更细高的容器中后，七八岁以下的孩子往往会说，两个容器里的液体不一样多了，认为细高容器里的液体更多，却没有考虑这样的事实——之前已经说过最初两个容器里的液体是一样多的。由于表面上的变化，孩子理解不了这种没有变化（守恒）的本质属性。

本创意更加详细地探讨了这个发展阶段。

● 让孩子们带来一些空瓶子和容器，最好是有容量标签的。包括各种颜色的食品瓶、洗发水瓶等小瓶子，以及牛奶容器等大瓶子。

● 用彩色水灌满瓶子，并强调它们是流动的液体。

● 讨论这些瓶子外表的差异。让孩子们看它们、触摸它们，并传看它们，最后传回到中间来。

● 通过讨论，鼓励孩子们按照容量的大小，把瓶子在地毯上摆放成一排。

教学小贴士

把这个创意拓展到大小和重量的概念上。找一些用彩纸包起来的盒子。每个盒子里装入不同数量的沙子，这样有些盒子就比较重，有些则比较轻。确保最大的盒子不是最重的，最小的盒子也不是最轻的。把盒子放在地毯上，让孩子们看，但不许他们碰。让他们估计哪个盒子最重——他们或许会受盒子大小的影响。然后让他们掂一掂这些盒子，按照重量排序，让他们感受到，物体的大小和重量并不总是相关的。

● 讨论怎样衡量容量——让孩子们看瓶子上的标签，找出它们的容量。

● 在一个挂图上画出每个瓶子的大致形状，把容量写上去。

● 让孩子们再次按照容量给瓶子排序——这一次是否有什么不同？一起讨论新发现。

进阶练习

用小扁豆、沙子或茶叶装满这些容器，然后把它们放进水池或干池子里。让孩子们装、倒这些容器进行探索，然后按照容量大小给它们排序。把他们的排序成果进行拍照，并贴上标签进行展览，这样他们就能比较自己与朋友们的成果有何异同。

创意78

宾果

孩子们喜欢玩宾果（Bingo，一种填写格子的游戏）！在所有不同的课上，他们都在书写板上玩宾果——赢家还会得到一张小贴纸！

宾果是一种很好的课堂结束活动，可以以不同的复杂度应用于各种课程。开始时，孩子们选择一小部分可能的正确答案，放进他们的格子里，老师可以把这场游戏变为一项听讲、跟随的教学任务。

告诉孩子们，要想玩宾果，他们必须首先要在书写板上每个格子里写下不同的答案，当老师念出这个答案的时候，就把它划掉。

- 给孩子们演示，怎样在书写板中央画水平线，并根据格子大小再画一两条垂直线。

- 根据主题，你可以在黑板上列一份可能的答案清单，让孩子们从中选择。为了增加难度，你可以让他们写包含“ee”的单词，或者“小于10的偶数”。念出答案，给孩子们时间，划掉他们书写板上的相应答案。

- 记住，让孩子们在相应答案上画一道线划掉就行，不要完全把它涂掉，那样就无法验证他们的答案了，他们也就得不到小贴纸了。

- 规定孩子们勾出一个答案就算赢，还是勾出所有答案才算赢，或者勾出一个与主题相关的单词就算赢，例如在你们学习小动物的时候，勾出“昆虫”。

- 检查孩子们的答案之后，给赢家奖励小贴纸。

教学小贴士

如果你们经常玩宾果，每次孩子们都要花5分钟时间才能勉强画好表格。那么，不妨在A4白纸上画一些表格，然后将其塑封。这样，你们可以在纸的一面画上2×2（行×列）的表格，在另一面画上3×2（行×列）的表格。

创意 79

猜猜是谁

本游戏要求孩子们仔细听一系列提示，然后做出回应。我用它来充实不同的主题，还把它当作一种学习评估工具！

在老师描述某种生物或物品的特点时，孩子们拿着一张照片卡站起来或坐下，与其他同学共同猜出它是谁——这种团队协作，是一种3D版“猜猜是谁”。

- 给每个孩子一张卡片，上边有一幅照片。那或者是与传说故事相关的人物角色，或者与学习主题相关的物品，例如交通工具或生物，或者是你本周计划教学的拼音字母。

教学小贴士

刚开始时，两三个人为一组玩这个游戏。这样孩子们可以交流想法，一起听老师讲，从而相互学习，并增加信心。记住，你的描述方式要符合孩子们的理解能力和语言水平。

- 告诉孩子们，你已经选择了其中一幅照片作为“答案”，但是你不会立即告诉他们是哪一幅。他们要认真听你的描述，并判断是不是自己手上的照片。
- 让所有孩子都站起来。
- 开始先说一些简单的东西，

比如说“答案是一个女性角色”，或者“答案有翅膀/有两个以上轮子”。

- 告诉孩子们，如果他们手中的卡片不可能是答案，他们就必须坐下来。

- 第一次玩的时候，或许可以让助教在人群中走动，检查让谁坐下来，因为如果孩子们手中的卡片上没有翅膀/轮子，他们就必须坐下来，而他们可能对此感到不解。

创意80

模仿形状

孩子们一直在体育课上玩这个游戏。他们帮助老师选择3种动物，然后在音乐停下来之后，孩子们就模仿这些动物的形状。孩子们都不喜欢被淘汰，不过玩儿多了，有时候还是会赢。

本创意帮助孩子们提高听力和遵从指导行动的能力，特别是在有时间限制的情况下。

这个创意活动需要一块游戏场地，所以要移开教室里的桌椅，或者使用礼堂之类空间比较大的地方。

- 选择3种动物让孩子们模仿。为了避免歧义、准确辨别每个孩子模仿的形状，这3种动物最好有完全不同的外观。例如，长颈鹿、大象和蛇就比猫、狗、马要好。
- 给孩子们演示，怎样使用他们的身体来模仿每种动物的形状。
- 播放一些音乐，或者摇动1只拨浪鼓，让孩子们围着场地转，并模仿他们自己喜欢的动物。
- 遮住你的眼睛，并停止音乐。
- 提醒孩子们，他们必须立即作出长颈鹿、大象或蛇的形状，然后保持这个姿势。

- 不要看他们，说出其中一种动物的名字。

- 睁开你的眼睛，请刚才模仿你所说动物的孩子们站出来，坐到旁边来。

- 提醒孩子们，他们每次都必须模仿不同的动物。重复游戏，直到几乎所有孩子都站出去被淘汰，剩下的一两个孩子就是“赢家”。

教学小贴士

很多孩子为了避免被淘汰，会在你睁眼的时候，改变他们所模仿的动物形状。快速睁眼闭眼，让他们看到，你在说出动物名字的时候也在看他们。如果你从遮眼的手缝里看他们，或者请其他成年人（助教）或者孩子担任监督员防止作弊，也会有所帮助。

创意 81

看谁先拿到

这个万能的10分钟游戏适用于所有场合——在教学参观时、在公园里、在节假日，甚至在海边都可以！本创意游戏需要孩子们认真聆听，观看四周情况，跑动并观察他们所处的环境。

把孩子们派往周围环境中收集某种物品，并把它带回来交给你，这样不仅可以锻炼他们的身体，还可以锻炼他们的耳朵和眼睛！本游戏还可以加入一种竞争性要素，评选“第一个成功把它带回来的人”或者“第一个碰到（比如一棵树）的人”。

在开始游戏之前，有必要花几分钟时间练习集合、解散，然后听到哨声再跑回来。给最快跑回来的赢家发放一些小贴纸，以示鼓励。

- 让孩子们在你身旁集合。
- 告诉他们，他们需要认真听要求，然后散开去寻找你所要求的物品。
- 有时候，他们能把要求的东西带回来，比如“绿色的东西”“有条纹的东西”“上面有字母的东西”等。
- 根据环境调整你的要求，使之符合你们的教学主题。

- 如果孩子们能够接受更加复杂的命令，可以让他们两人一组，分别做一件事，或者去收集两种物品，例如“已经成熟的东西和还没有成熟的东西；有生命的东西和从来都没有生命的东西”。根据孩子们的知识和已经学过的科学主题，改变这些要求——有时候你或许需要给他们做示范。

进阶练习

在他们散开的时候，让孩子们用数码相机拍照。给他们一份需要拍照的物品清单——比如5种绿色的东西、3种圆形的东西、两种光滑的东西，或者一些能够滚动的东西。这使得他们能够通过拍照，“收集”一些太大搬不动的东西，比如排水管道、雕像和树木！

创意 82

户外数学

户外数字游戏非常有用，特别是与户外游戏场相关的时候。尤其是男孩子特别喜欢车辆或以旅游为主题的游戏，所以本创意很适合在一种自然环境中，有针对性地向孩子们介绍数字和数字系统。

在户外，充满创意地学习环境中的数字，有助于让孩子们自然而然地使用并熟悉它们。

为了鼓励孩子们观察周围环境中的数目，可以在环境中展示数字照片。鼓励孩子们动手给数字拍照，或者在家里描绘数字，然后拿到学校来展示。

- 考虑在户外环境中，可以怎样使用数字。自行车、汽车或标有数字的户外场地，或许可以还原日常生活中的数字使用场景。
- 把一些数字写在纸上塑封起来，贴在各种车的玩具（自行车、三轮车、滑板车等）上面，这样孩子们就能在放学的时候，按照所贴数字顺序来“停车”。
- 用粉笔或塑封标志建立有编号的大型“停车场”，这样孩子们就能把有轮子的玩具放在“停车场”的对应编号位置。

- 在外面放一个巨大的钟表，这样他们既可以看时间，也可以学习表盘上的数字。
- 建造“公交站”，让孩子们扮演公交车司机，按顺序行驶到每一个“站点”。频繁移动这些站点，这样每天都能有不一样的行驶路线。

进阶练习

创建一个真实的“公交车司机”游戏，在游戏中，让孩子们带着一个容器环游各个站点。在每一个站点，放一个骰子和一盒用来计数的小东西（玩具人偶最好了）。当他们停到站点的时候，掷骰子，并从盒子里拿出相应数量的物品（或乘客），“载运”到自己的“公交车”上。当他们返回“终点站”的时候，装载“乘客”最多的人获胜。做这个游戏时，也可以让全班学生扮演真实的“乘客”。

创意 83

聆听、转圈、指出……“在那里！”

有时候在户外，孩子们会玩几分钟这个游戏，他们一直都很喜欢它，因为它很简单！孩子们喜欢闭上眼睛转圈，这时不需要看黑板、不需要阅读，也不需要做其他类似的事情，所以它真的很好玩！

有些孩子在学习环境中很难取得学业上的成功，找一种所有孩子都有相同机会成功的活动，会让他们耳目一新。本创意适用于任何有背景噪声的地方，室内或室外都可以。

在开始使用本创意之前，先要确定所有孩子都没有听力问题。有的孩子可能两侧听力不一样，所以要仔细检查他们的位置，确保他们都能站在恰当的位置。

教学小贴士

如果你找不到有背景噪声的地方，可以自己制造一些声音出来！使用熟悉的声音（茶杯里的汤匙、手机铃声、玻璃杯里的冰块、吹风机等），并在孩子们面前来回走动，在不同位置发出不同的声音。

- 站在孩子们面前，给他们足够的空间，使每个人都可以张开手臂转圈。
- 让他们闭上眼睛。
- 告诉他们，要认真听一种

声音。听到这种声音时，就转向发出这个声音的方向，然后等待老师的命令睁开眼睛。他们听到的声音可能是门外的车辆声、隔壁房间的噪声，或者开门的声音。

- 让所有人睁开眼之后，选择一个转对方向的孩子，并让所有孩子都转向同一方向。
- 让这个孩子告诉大家，他们能够听到什么声音。
- 一起仔细聆听，如果其他孩子也听到了同样的声音，让他们指出这声音来自哪里。
- 重复以上步骤，认真聆听其他声音。

创意84

站到绿色场地上

这是一项很好的户外游戏。孩子们最喜欢和一位伙伴一起玩，因为他们都能很快找到颜色并站上去。

本游戏需要一块涂有不同颜色的场地。例如，有标记的网球场或足球场、有颜色的游戏场，或者类似跳房子、贪吃蛇、爬梯子等有颜色的游戏场地。

如果没有现成的场地，你们可以找一块干湿不匀的场地，它看起来也像是有不同颜色的，可以在上面做游戏。

- 让孩子们在室外集合。
- 让他们关注场地上的标记。讨论他们看到的颜色和形状。
- 确保所有孩子都知道“弯曲”“直线”等词汇的意思，以及不同颜色和形状的名称。
- 告诉孩子们，你要让他们跑到某种颜色或形状的场地上去，他们必须先找到相应的场地，然后尽快站上去。
- 喊：“大家都站到绿色场地上！”
- 看孩子们争先恐后地寻找绿线、绿色形状或图案，并抢着站上去。

• 换一种颜色或形状，重复以上活动，比如说："站到一条曲线上！""站到一个红色方格上！"

进阶练习

孩子们可以结对玩这个游戏；你依然要求他们找某种颜色或形状的场地，但是这块场地必须足够大，能够同时容纳他们两个手拉手站上去。为了进一步练习，还可以让他们找两种颜色，两个人站在同一种颜色上。

创意85

100方格户外宾果

我最初使用沙包玩儿这个游戏，并将其作为户外数学课的一部分。当我看到孩子们使用花园里找来的石子，在游戏时间自发地玩时，感觉非常高兴！

如果户外场地上只能画一幅图案，那么无论从价值还是成本说，100方格都是最佳选择。在上面可以开展很多不同的游戏，运动和竞争的独特魅力，会吸引大部分孩子。

如果没有永久性的图案，用粉笔在地上画方格也是可以的。

- 你需要两枚塑料骰子，以及一些沙包或者大圆片，放在地面的数字上。
- 给孩子们演示怎样掷两枚骰子，并把两个数字并排放在一起构成一个两位数。确保让孩子们理解这同于加法，他们只需要拼成一个两位数。
- 让孩子们把他们的沙包放在拼出来的对应数字的方格里。
- 重复掷骰子，拼数字。首先将3个沙包排成一排的为“赢家”，横向或纵向都可以。

- 本游戏有很多变种——比如首先得到3个带“5”的人为赢家，或者首先得到3个“2”开头两位数的人为赢家。
- 根据孩子们的能力，调整游戏的复杂度。
- 例如，如果你的孩子们只认识比较小的数字，或者你想让他们把两枚骰子的数字相加观察数字之间的联系，就可以用粉笔画一个更简单的表格。

进阶练习

在你的教室里放一套更小的方格和一盒有趣的计数工具（例如纽扣或干豆子），因为孩子们经常会主动去玩，并在原有游戏的基础上进行发挥改编。他们实际做什么并不重要——只要他们在念叨数字、在看那些数字图案，他们就会渐渐熟悉计数的思想和整个数字系统。

创意86

定向越野

孩子们喜欢在户外到处跑。本创意就像是“寻宝”，让他们去找一些线索和物品作为奖品。

使用户外场地向孩子们介绍与数字、字母或有关某个主题的物品。让孩子们跟随一些图片线索在周围寻觅，收集塑封图片或者不同颜色的物品。

教学小贴士

在介绍一门新课程时，把一张相关图片放在校园里，让孩子们寻找，当他们找到图片，拿回来与大家分享的时候，趁机对该主题进行讨论。

如果孩子们在找到宝藏的时候能得到一些奖品，本创意的效果会更好！奖品可以是一顶海盗帽或者一架望远镜，或者化妆盒里的小东西。如果他们结对或团队协作，他们可以佩戴相同颜色的布条，表示他们是同一支队伍里的。

- 选择一片区域让孩子们探索。确保那里的某个地方藏有一张明信片，或者一只装东西的小盒子，比如一盒贝壳、一盒松果、一盒石子、一盒树叶或一根小树枝。

• 如果你愿意的话，可以使用学校里不同颜色的小东西，比如红色、黄色或绿色的砖块。

• 告诉孩子们，他们要走出教室，根据图片线索进行搜索。

• 给他们一个装三明治的小袋子或者一只篮子，用来盛他们找到的卡片或物品。

• 一开始，先给他们一张卡片，上面描绘了一个地点。例如，攀爬架、游戏屋、沙坑或一棵树。

• 告诉孩子们，他们要跑到卡片上描绘的地方，然后找两件东西——把一个东西放进包里，另一个东西是下一张图片线索，它将指引他们到另一个地方“寻宝”。

• 帮助他们确认下一件要寻找的东西。

• 当他们找完所有线索之后，让他们回到你这里，并分享他们的“收获”——检查他们找到物品的数量或颜色是否正确。

锦囊妙计

如果不给孩子们袋子去收集找到的实物，可以给他们提供纸张和写字板，让他们每找到一处“隐藏的”物体、字母或数字，就将其抄写或描绘到纸上。

为了把信息和计算机技术引入本创意，可以给每个孩子配备一台数码相机，这样他们就能把自己找到的每处物体或单词拍摄下来。

为了把本创意改编为音乐或聆听活动，可以在每个地方放一种乐器或有声记录。如果孩子们熟悉使用这些东西，简单地敲打罐头盒或者按下相机快门就能达到效果。给孩子们提供记录这些声音的工具，或者给他们笔、纸，通过描绘和速写，记下他们在每个地方听到的声音。例如，鸟叫声、手机铃声、门铃声、卖冰激凌的大篷车音乐声，等等。

为了让本创意更像是真正的定向越野，可以在每个点安装一台打孔机。可以购买能打出不同形状的单孔打孔机。通过给孩子们提供“定向越野卡”（例如一张用过的生日贺卡），每当他们根据图片线索找到一个点，就可以在卡片上打不同形状的洞。

进阶练习

为了进一步练习本创意或将其与某一教学主题联系起来，可以把字母、数字和关键词藏起来，孩子们在校园里找到它们之后，将其抄写在自己的卡片上。当他们回来的时候，把这些字母拼成一个单词，或者按照一定顺序排列这些字母或数字；如果你感觉这样很符合孩子们的水平，还可以帮助他们按照物体的大小或颜色进行分类。

创意 87

邮寄明信片

孩子们喜欢收到寄来的东西。当他们从离家很远的地方寄出一张明信片，最后在家门口的信箱里收到它的时候，简直太美妙了！

可以用空白明信片教孩子们邮政系统的工作方式，并帮助他们学习自己家的地址。

确保你有每个孩子的正确的家庭住址。在上课之前，你或许需要与他们的家长/监护人确认这些地址。

- 给每个孩子提供一张空白便签带回家，让他们的家长把地址写在上面。如果你没有便签，也可以让他们直接把空白明信片带回家给父母。
- 告诉家长/监护人，这张明信片要通过邮局寄送，请他们务必留一面完全空白，好让孩子们在上面绘画。
- 给孩子们展示一些明信片图片的样本。如果这些图片是他们知道的地方，或者是与他们生活环境相关的内容，效果会更好。
- 让孩子们在他们的明信片上绘画，在背面写上自己的名字，并贴上一张邮票。
- 走到最近的邮筒，让每个孩子都把他们的明信片投入邮筒，告诉他们，邮递员会从邮筒里取走明信片，并在几天之后送到他们的家里。

- 为孩子们开辟一片展示区，让他们在接下来几周时间里，展览收到的明信片。

进阶练习

让孩子们在假期里寄送一张明信片作为过渡活动。在便签上告诉他们新教室、班级或班主任的详细情况，让他们把这张便签贴在节日明信片/圣诞卡片/新年卡片（根据他们的文化而定）上。把这些明信片进行展览，并在开学后与新老师和同学们进行分享。

创意 88

升级公交车

升入1年级的时候，孩子们会很担心那里会是什么样子、那里的老师会是什么样子，但是去1年级教室看过一次之后，他们感觉好多了，因为孩子知道那里的情况了。

孩子们在升学或者在其他关键阶段转班/转学的时候，花一些时间让孩子们适应环境，告诉他们新班级的地点和情况，会让他们心里更踏实。作为这项活动的一部分，可以将新班级成员的照片进行展览，开始培养他们对这个集体或团队的认同感。

出于安全考虑，某些学生的照片和名字可能不宜公开张贴。如果有这种情况的话，要确保对所有学生一视同仁，采用相同的规则，以免有明显的“特殊人物”。

- 安排学生们到新班级里，与他们的新老师或工作人员见面。
- 做一些游戏，帮助孩子们相互了解，并开始强化集体认同感。
- 给每个孩子拍一张半身照。
- 在墙上画一辆大公交车。
- 把孩子们的照片贴在上边，好像他们正在从公交车的窗口向外

教学小贴士

将此展览作为一套交通工具展览的一部分，为不同数量的孩子们选择不同类型的交通工具。当孩子们来到你班里时，请他们把自己乘坐不同交通工具的照片从家里带来，添加到展览中——可以是骑自行车、玩滑板车，甚至是在海边骑马的照片。

张望。

- 在每个孩子的照片下面标明他们的名字。
- 确保这些展览能一眼看到，而且高度适中，让孩子们可以看到每个人的照片。
- 如果你们班里的孩子比较多/少，可以改变绘画的交通工具，把公交车改为火车/小汽车。

创意 89

免费劳动力

我所在的幼儿园里只有两个成年人忙忙碌碌，我的时间太紧张了。而洗刷清洁那些玩具就需要花费我很多时间，直到后来我发现，孩子们会喜欢上这项工作，只要稍加调整，这项工作就有了教育意义。

在幼儿园里有很多东西需要定期清洗。把它们放进混有安全泡沫剂和洗涤剂的水盆里，比如儿童洗澡盆，孩子们能够一边玩耍一边分类，而不会意识到他们实际上还在清洗这些玩具。

儿乎所有孩子都喜欢玩水，特别是有泡泡的水。一定要给他们穿上围裙，以免弄湿衣服。

- 找一个适合孩子们玩水和有泡泡水的地方。最好是在户外。
- 找一只水盆或类似的容器，比如婴儿充气浴盆，在里面装满水。用婴儿泡沫剂或类似的安全洗涤剂在里面制造一些泡沫。
- 把你想要清洗、分类的东西放在一个塑料箱子里，放在水盆旁边，并在地板上放一条毛巾。
- 让孩子们把东西倒进水里，并给他们演示如何清洗。再提供抹布和不同的刷子，让他们用来擦洗。

- 告诉孩子们，他们必须把洗干净的东西放在毛巾上。让他们按照物品大小、颜色或材质进行分类，分别放在不同颜色的毛巾上晾干。

进阶练习

创建一个角色扮演环境，让孩子们清洗玩具。例如，在户外玩汽车、自行车和滑板玩具的时候，可以让他们洗车；在室内，可以通过泡泡浴来为玩具娃娃治病。

创意 90

个人效果

刚进幼儿园的两岁半小孩，很容易受到惊吓——对于很多孩子来说，这是他们第一次独自离开家。本创意能够帮助他们更好地适应新环境，更快速、准确地辨认自己的衣服挂钩、盘子和抽屉。

大部分孩子在去幼儿园上学之前，曾经来过一两次。利用这个机会，可以告诉他们的父母和监护人，在他们的挂钩上粘一些小标签、物品或人物图片，能够帮助孩子辨识，并让孩子们在新环境里看到熟悉、安心的符号。

为了方便辨识，在挂钩和盘子上使用相似颜色的标签，帮助孩子们找到他们的东西。

- 事先剪好一些卡片的轮廓。
- 在孩子们到来之前，把每个孩子的名字写在卡片上，并把这些卡片放在桌子上。可以使用不同的卡片颜色或形状（玩具熊、汽车、猫、风筝等），来辅助辨识。
- 在每个孩子第一次来幼儿园时，带他们看这些卡片，并让他们从中找到自己的名字。和他们一起到挂钩那里，让他们自选一个挂钩，或

教学小贴士

本创意还能创造与害羞或者不善言辞的孩子进行交流的机会。如果这个孩子非常喜欢某一本书，可以在图书角提供这本书，鼓励孩子们去阅读，或者悄悄地分享这本书。这个孩子会因为这种熟悉的东西感到安心，并乐于给你讲他对书中角色的了解。

者给他们分配一个挂钩。

- 把卡片标签贴在挂钩上，并帮助他们挂东西。
- 告诉他们，这就是他们的挂钩，以后每次都要用到，同时欢迎他们从家里带来一些标签、图片来装饰自己的标记卡片。
- 一起看其他孩子们的标记，看看有没有能认出来的人。

创意 91

准备过夏天

夏天总能令老师疯狂——到处都是孩子们的太阳帽、水瓶、防晒霜！一个装帽子的盒子、一个装防晒霜的篮子，有助于简化他们的出门准备工作。

幼儿学习怎样整理自己的东西，并变得更加独立很重要，但是这需要花费很多时间。通过限制他们的选择，为他们提供整洁的储物装置，孩子们能够很快地找到并使用他们的东西。

仔细观察校园环境，确保能让每位孩子们独立。记得蹲下身来，和孩子们保持同样高度——所有东西是不是都还看得见、够得着？

- 确保所有帽子、水瓶和防晒霜都贴有标签。

- 找一个足够大的盒子，能够装下所有的太阳帽，并把它放

教学小贴士

如果每个孩子都有一个固定位置，坐在那里等待回家，还有一个放自己东西的固定位置，那么放学过程会更加顺利。这有助于老师更方便地发放材料，孩子们则能就近收拾自己的东西（外套、饭盒、书包等），尽快把它们归拢到一起。

在靠近门口的地方。给孩子们制定规则，进门后就把帽子摘下来放在盒子里，并留出戴帽子的地方。这能够使你快速看一眼这个盒子，就能看出谁把自己的太阳帽落下了。

- 水瓶——如果把它们放在教室的一侧，孩子们可能经常忘记它们在那里。在他们的课桌上放一个小篮子，这样他们就可以把水瓶放在自己前面，随时可以饮用。如果他们没有固定座位，可以在教室的不同位置放几个篮子，这样他们就能轻松地找到自己的水瓶。如果有必要的话，可以在篮子上标记彩色编号。

- 防晒霜也可以分组放在篮子里，这样孩子们就在相应的位置独立找到自己的防晒霜，在成年人的监管下使用它。

创意 92

写字板上有什么

家长如果想让知道孩子们今天做了些什么，可以每天在教室窗口挂一块每天早上都会写字板，写上一些提示，让家长知道孩子们的一些情况。

在家长来接孩子的时候，在教室窗口挂一块写字板，可以让家长有意或无意地看到学校今天、明天的安排，或者今天发生的情况。这使他们能为孩子准备相应的文具，并写孩子沟通一些当天的情况。

- 准备一块大写字板，大约有A1纸那么大。

- 把写字板分为两栏——标记上边三分之二为“今天”，面积较小的底部区域为“明天”。

- 在每一栏中写两三个要点，提醒家长和监护人。例如，你可以写：今天，我们将要观看3D影片，并建造房子；要为演出排练那些歌曲。明天，我们将在礼堂上体育课——记得带上你们的体育工具包。

教学小贴士

如果你希望家长记住某些东西，或者带某些东西来，写字板还可以用来当作提醒工具，例如，在写字板底部写上，带一只盒子来作为盒子模型，在急救箱里装与下一个主题相关的衣服或书籍。记住，这些写字板还可以用来感谢家长和监护人的帮助。

创意93

按顺序观察

英国早期教育体系让老师观察孩子们对学习以及自己成绩的态度。我们每周安排1到2次这样的活动，并制定严格的次序表，发现收集证据并不难，到6月完成计划时，了解了大量相关情况。

观察应该成为所有幼儿教育的一部分，但是在忙碌的教学过程中，人们常常会忘记它。有时候，老师只记录下了那些“惊喜时刻”，或者孩子们取得的惊人的、出乎意料的进步。本创意将帮助你更频繁、更规律地观察孩子们。

确保校园里的所有工作人员都明白以下的工作流程。

- 准备一盒索引卡，每张卡片上都有一个孩子的名字。
- 用橡皮绳或小盒子固定它们的存放顺序。
- 每隔几次课安排一次观察时间。一定要有足够数量的工作人员，确保观察不会被打断。
- 从盒子里取出一张卡片，并决定你是否希望观察他做某项专门活动，是否想让他们在校园里自选一个地方进行这项活动。
- 观察这个孩子一小段时间，记录他的言语、行为和所玩的东西。

- 在索引卡上记下日期、时间，观察的持续时间和目的。
- 把索引卡放到盒子最底部，同时看一看下一张索引卡，确定下一次要观察的孩子。

进阶练习

为了辨别孩子们的不同学习类型，或者不同的学习态度，可以观察一小组孩子，让他们协作或独立解决一个预先设计好的问题。例如，把水池里的容器灌满，或者使用有限材料建造一座塔或桥梁，来“救援”一个人。

创意94

为每一个人做计划

计划的关键在于有用，并得到运用。不同的计划有不同的目的，但是把它们张贴在墙上，每个人都可以看到计划内容，了解在哪里、举行什么活动、有什么目的。

计划应该能让团队里的所有人看到、修改或提出意见。在每个教室或场地，除了教学用黑板之外，专门在一块黑板上公示所有计划，可以确保所有工作人员都能始终留意到当下需要什么。

计划的种类变化繁多，几乎不可能制定一个适用于所有情况的模板。不过，有些计划经常被用到——工作人员责任表，组织计划展示了将要在哪里进行哪些活动，以及老师应该在何时监管各个区域。

如果每个工作人员都有不同的工作计划表，就有助于强化计划的重要性。

哪怕是把安排学习环境的工

> **教学小贴士**
>
> 在完成每项活动之后，不要把计划扔掉，而要把它和相关评论装订在一起收好，作为下一次改进的参考。这也有助于在下次制订类似主题的计划时翻看，也方便同事们相互参考效果较好的计划。

作列入计划，也能提高本创意中计划墙的效益。

- 选择一面大墙，可以张贴很多A3或A4纸大小的计划表或值班表。
- 确保工作人员都会路过这里，并能够看到这些计划表。
- 决定你们需要公示哪些计划，并将它们张贴到墙上。
- 把公示的机会贴在墙上，并在每个计划旁边贴一张小卡片。
- 在每个架子上挂一个塑料包。这样就能把计划的副本塞在包里，整洁张贴那些装裱好的计划。
- 鼓励工作人员经常看这些计划，并发表评论。
- 每周更换相关计划。

创意95

邀请家长/监护人的合作

有些孩子最喜欢的事情，就是向爸爸展示自己的作品。他常常都在工作，所以每逢“爸爸日”，这些孩子都很高兴地把所有东西拿给爸爸看！

有些家长可能不好联系，但是只要安排好活动，孩子们就会缠着他们的父母或监护人参加。如果那天家长们都积极参加，可以提前开门，并给他们提供茶和咖啡等。

有的活动是专门为某一部分家长准备的（比如“爸爸日”“爷爷奶奶日”），在开始这些活动之前，要确保每个孩子都有家长收到邀请函，例如“爷爷奶奶日”也可以邀请姑姑姨姨或者叔叔舅舅。

如果幼儿园是一所大型学校中的一部分，还可以考虑邀请其他年级的亲友。

> **教学小贴士**
>
> 布置一次展览，展示孩子与其亲人的照片。这可以成为他们与其他孩子或家长在校园聊天的话题。

- 明确活动的焦点所在，以及为了达到成功需要实现哪些目标，例如如果你们想要促进男孩们的阅读，就可以请他们的男性亲属带他们最喜欢的书来参加活动。

- 考虑你的全班学生是否都有亲人收到邀请。

- 提前告诉家长和监护人活动时间，以便让他们提前准备，和孩子们沟通或者读书。

- 在计划中把孩子们也纳入其中：制作海报、邀请函、需要的食品清单或者布置氛围。

- 热情欢迎家长来到学校，给孩子们时间去欢迎他们的亲人，并带他们在学校参观。

- 你可以让家长与孩子们一起画画，描绘他们小时候喜欢做的事，或者一起读书、一起看连环画等。

创意96

清晨挑战

孩子们会迫不及待地想要看到今天的清晨挑战是什么。那是一件既好玩又简单的事情。

当孩子们每天早上来到学校的时候，如果有一套固定程序或者一项任务要完成，将有助于他们安静下来。本创意还能让孩子们练习、巩固前几天学到的技能。

教学小贴士

在每天放学时为第二天的活动做好准备。如果你们班里有孩子擅长校对，可以让他在放学时帮你准备。

- 选择5个与当周学习主题相关的点子。他们可能与数学、美术、语文或科学课有关，他们可能还需要使用笔纸，进行设计、制作或建造。
- 本创意以轮转的方式进行，有5项活动给5个小组轮流做，这样每个孩子都能在一周内完成5项活动。
- 选择5项孩子们能够独立完成的活动。例如用积木搭建一些与主题相关的建筑物模型；从一个目录中增删条目；画画或者地图；给彩色物品、形状、数字分类或分组；围绕某一主题读书；从一个网页上寻找信息，或在彼此之间搜集信息，并将其选择的信息记录下来。

- 在第一次活动开始之前，向孩子们简要介绍各项活动。
- 把各项活动需要的物品放在各自课桌或区域里。在每个活动区域安置标示，这样孩子们就知道自己要去参加哪项活动。
- 鼓励孩子们独立完成任务。老师也可以在这个时候进行点名。

创意97

旅行棍

和孩子们一起散步或探险是很有趣的，但是回到教室之后，他们常常忘记刚才去过的地方、看到的风景！在班里制作旅行棍，帮助了他们记住自己的探险经历。

在散步或观光过程中，本创意可以帮助孩子们记录他们在路上看到或遇到的事物。细心梳理，可以拓展他们对顺序和次序语言的理解。

本创意需要做一些准备，在一根棒棒糖棍或小树枝顶端绑一根毛线或布条。

- 在散步之前，给每个孩子发一根准备好的旅行棍。
- 告诉他们，在走路的时候，要将那些能够提醒他们所见风景的物品收集起来。
- 在老师的帮助下，让他们把各段路程上收集的物品绑到旅行棍上，记录他们的

锦囊妙计

使用这些旅行棍作为提示，让孩子们说或写这些旅行，可以使用一些文章结构帮助，比如每段开头的“首先、其次、然后、接着、最后”。示范使用关键词说或写一句简单的话，例如，“首先我看见一棵树，接着我看到一个池塘，然后我看到一条小路。”根据需要，这项任务可以既简单，也可以复杂。

旅程。例如，他们或许会走过一条碎石路，就把一枚石子绑在旅行棍上；或许会穿过一片草地，就把一些草绑上去；或许会路过一池鸭，就绑一支羽毛；或许会路过一个花园，就绑几片花瓣。

● 回到教室后，让他们使用这根旅行棍作为提示，讲述自己的旅行经历。

● 在这次旅行关键位置的照片旁边展示这些旅行棍。要做好准备，孩子们收集的东西可能出乎你的意料——垃圾和糖纸是很常见的！

创意98

彩色黏条

颜色真是一种包罗万象的教学工具。大部分孩子都能够辨识不同的颜色，本活动确保所有孩子都能达到有趣的结果。

本创意是在自然环境中观察颜色、色度和色调。最开始，孩子们只认识简单的绿、红、蓝、黄。向他们介绍一种颜色有很多不同的色度，很多色度都有不同的名字（例如，绿色也可以是酸橙绿，也可以是青绿），孩子们开始更加细致地观察周围世界。

从自助商店购买的颜色表可以提供非常直观的感受，每种颜色都有不同深浅的色度。收集一些这样的图表，在户外观察环境的时候使用。

- 使用一张两面都有双面胶的薄卡片。
- 撕掉一面的双面胶，制作一张黏性卡片。
- 让孩子们探索一处自然环境，例如，收集绿色的草叶或树叶。
- 把这些东西粘在卡片上，制作一张彩色表。
- 鼓励他们按照由浅到深的顺序，在卡片上排列物品。
- 把这张卡片粘在自助商店的颜色表上，在颜色表上寻找各个物品对应的实际颜色。

进阶练习

准备一包彩色毛线。在散步时，经常把孩子们召集起来，环顾他们看到的东西。让他们从包里选一种颜色或材质的毛线，代表他们的所见——红色的房顶、棕色的篱笆、黄色的干草。小心地把这些毛线缠在彩色黏条上，回到教室后，作为一种辅助记忆。

创意99

我的树

孩子们喜欢在户外做功课。它真的不像是做功课，但是孩子们还是会画很多画，会写很多字，会和朋友们发现了很多东西。

本创意在公园或者有大量树木的地方适用。孩子们可以分成小组，各小组由一名成年人带领，围绕自然环境中的一个重要主题——树木——进行探索。

要让孩子们把注意力集中在他们的树上，成年人的指导非常重要。尽量找足够的成年人作为帮手，平均做到每四五个孩子就有一个成年人指导。

- 告诉孩子们，他们要围绕一棵树，共同寻找他们所能找到的所有信息。
- 让各小组从周围选择一棵树。
- 给成年人们制作小纸盒带出去。里面装有简单的口袋书、卷尺、数码相机、铅笔、粉笔、蜡笔、胶带和胶水。
- 给组里每个孩子一本简单的口袋书，让他们把名字写上去。
- 从各自的树上收集证据，用蜡笔描拓树皮的纹路，用铅笔进行素描，收藏一片树上的叶子，用铅笔临摹树叶的形状，构建一幅有关这棵树的图画。

- 回到教室后，分享对所有树木的发现。使用书籍和互联网，通过叶子辨别这些树。

进阶练习

运用一些简单的三角学知识，孩子们就能测量他们的树，计算出树高之类的数据。开始先背靠树干，然后走出一段距离。每走一段距离，就弯下腰，从你的胯下看树。当你能看到树梢的时候，停下来。大步走回去，你所走的步数就是这棵树的大概高度（单位为米）。尽管结果这不太精确，但是孩子们都喜欢做这活动。

创意 100

人墙游戏

孩子们喜欢玩这个游戏及其改编版本。自信心不强的孩子喜欢拿着数字或字母跑，而更自信的孩子们则喜欢指挥其他人——每个人都可以从中有所收获！

让孩子们拿一些不同的数字或字母，他们可以四处走动，组成一条数字线或者字母表，甚至组成一句话。本创意还可以作为学习评估工具。它能够使老师瞄准一个或多个孩子的某个学习目标。

- 给孩子们不同的数字拿在手里。
- 选一个孩子把其他孩子移动到不同位置，按照从小到大的顺序排列数字。
- 拓展这个游戏，让这个孩子坐在前边的一张椅子上，使用数学位置语言（相邻、之间、之后等），指挥其他拿着数字的孩子移动到指定位置。
- 改变数字（11到20，偶数，10的倍数），改变给孩子们的要求，就很容易调整游戏难易度。
- 简要地做笔记，记录孩子们在每种要求下所取得的成绩。

进阶练习

要把它变成识字游戏，可以给孩子们字母卡，并选一个孩子按照字母表顺序排列字母，或者使用恰当的孩子拼成一个单词。让一个孩子站出来，作为一个固定的字母序列。给其他孩子一些字母，让他们站出来，把那个孩子所代表的“at”变为“cat”——谁那里有“c”？请他站到“at”旁边——他们站的位置对不对？集体检查对不对。然后重复其他以“at”结尾的单词。